I0797158

DEVOCIONARIO

Dios está conmigo siempre

BroadStreet
ESPAÑOL

BroadStreet Publishing Group, LLC
Savage, Minnesota, E.U.A.
BroadStreetPublishing.com

DEVOCIONARIO *Dios está conmigo siempre*

ISBN: 978-1-4245-6868-0 (piel símil)
e-ISBN: 978-1-4245-6869-7 (libro electrónico)

Diseño por Chris Garborg | garborgdesign.com
Traducción, adaptación del diseño y corrección en español por LM Editorial Services | lmeditorial.com | lydia@lmeditorial.com con la colaboración de Belmonte Traductores (traducción) y produccioneditorial.com (tipografía)

Impreso en China / Printed in China
24 25 26 27 28 * 6 5 4 3 2 1

«Tengan presente que yo estaré con ustedes todos los días hasta el fin del mundo».

Mateo 28:20 PDT

Introducción

Puede que las circunstancias de la vida te hagan sentir abrumada, frustrada o desanimada. Como el amor que Dios te tiene no cambia y sus promesas son verdad, puedes escoger creer en el derramamiento de gracia constante que tiene para ti cada día.

Encuentra la esperanza, el gozo y la fortaleza que abundan en Dios a medida que meditas en estas reflexiones, versículos y oraciones diarias. Inspírate mientras grabas lo que hay en tu corazón en el espacio que se ofrece.

Reclama la gracia de Dios sobre tu vida y continúa creyendo que tu Creador te ama profundamente y que está contigo siempre, pase lo que pase.

«¡Así que sé fuerte y valiente!
No tengas miedo ni sientas pánico frente a ellos,
porque el Señor tu Dios,
él mismo irá delante de ti.
No te fallará ni te abandonará».

Deuteronomio 31:6 NTV

Nuevas todas las cosas

El que estaba sentado en el trono dijo:
«Mira, yo hago nuevas todas las cosas».
Y me dijo: «Escribe, porque estas palabras son fieles y verdaderas».

APOCALIPSIS 21:5 RVC

Lo más hermoso del Dios al que le hemos entregado nuestra vida es que Él hace nuevas todas las cosas. Esa es una declaración fiel: siempre ha sido cierto y siempre será cierto.

Al comenzar un año nuevo, vacío y también lleno de promesas brillantes y de interrogantes inquietantes, podemos hacer que nuestra alma descanse en la verdad de que nuestro Dios hará todo nuevo. Nuestros lamentos, errores y fracasos no son nada comparados con su promesa de pacto de redención y novedad.

¿Cómo ves a Dios haciendo todas las cosas nuevas en tu vida?

Nuevas cada mañana

Que las misericordias del Señor jamás terminan,
pues nunca fallan sus bondades;
son nuevas cada mañana;
¡grande es tu fidelidad!

LAMENTACIONES 3:22-23 LBLA

Es hermoso saber que las misericordias de nuestro Dios son nuevas cada mañana. Saber que la gracia que gastamos ayer seguirá siendo lo suficientemente abundante para los problemas que enfrentemos hoy. Saber que su fidelidad es cierta incluso cuando nos desviamos, y su amor es firme incluso cuando el nuestro falla.

No nos merecemos la misericordia que Dios nos da, pero se deleita en amarnos y tiene fortaleza más que suficiente para darnos en cada nuevo día.

¿Cómo puedes caminar como alguien que conoce la fidelidad de Dios y entiende su amor por ti?

Vuelve

Y tú, vuelve a tu Dios,
practica la misericordia y la justicia,
y espera siempre en tu Dios.

OSEAS 12:6 LBLA

A veces, perdemos el rumbo y perdemos de vista la pasión que antes sentíamos por Dios. Una vez que hemos perdido nuestra conexión con Él, no siempre sabemos cómo recuperarla. Nos preguntamos si hay demasiado entre nosotros que Él no puede pasar por alto.

Sin embargo, es tan sencillo como volver; tan directo como ponerte de rodillas y decir: «Dios, he vuelto». Cuando vuelves, aferrándote al amor que te atrajo en primer lugar a Él, Dios se mostrará a ti.

¿En qué áreas de la vida has creado una distancia entre tú y Dios?
¿Cómo puedes cambiar eso?

Los secretos de Dios

¿Puedes descubrir los secretos de Dios?
¿Puedes ser tan perfecto como el Todopoderoso?

JOB 11:7 RVC

¿Alguna vez has descubierto algo sobre ti misma que no sabías? Tal vez probaste una comida nueva que siempre afirmaste que aborrecías y descubriste que en realidad te encantaba. Quizá te sorprendió una idea que tuviste y ni siquiera sabías que eras capaz de tener.

Si nosotras, que somos humanas, somos tan complejas que no nos conocemos completamente, ¿cuánto más complejo es el Dios que nos creó? No debemos limitar a Dios a lo que creemos saber de Él. No podemos conocer sus límites, pero podemos confiar en su Palabra y en su Espíritu Santo para enseñarnos mientras buscamos conocerlo más.

¿Qué has descubierto sobre ti misma recientemente?

...porque todas las promesas de Dios en él son «Sí». Por eso, por medio de él también nosotros decimos «Amén», para la gloria de Dios.

2 CORINTIOS 1:20 RVC

Todas atravesamos épocas en la vida en las que dudamos si Dios realmente es bueno con nosotras. Pero gustar la bondad de Dios a menudo es tan sencillo como abrir nuestro corazón para recibir lo que Él ha prometido a través de Cristo.

Puede que nos sintamos indignas o incluso poco preparadas, pero si hemos dicho sí a la salvación, entonces también hemos dicho sí a las promesas de Dios, a su bondad y a su gloria eterna.

¿A qué promesas de Dios puedes decir sí hoy?

Sentir hambre

«Yo soy el pan de la vida;
el que viene a mí no tendrá hambre,
y el que cree en mí nunca tendrá sed».

JUAN 6:35 LBLA

A los bebés no se les enseña a llevarse las cosas a la boca, pues nacen con un instinto natural para alimentarse solos. Pero sí se les enseña *con qué* alimentarse.

Todas fuimos creadas con un hambre espiritual de Dios innata, pero debemos aprender a saciar nuestra hambre. Hay cosas que intentaremos meter en nuestra alma que nunca nos dejarán satisfechas. El único remedio verdadero para el anhelo más profundo de nuestro ser es Dios, porque fuimos creadas para tener hambre de Él.

¿Cómo sacias tu hambre de Dios?

Palabras poderosas

«Hijo de hombre, que todas mis palabras penetren primero en lo profundo de tu corazón. Escúchalas atentamente para tu propio bien».

EZEQUIEL 3:10 NTV

Hay un gran poder en acallar nuestra mente y escuchar la voz de Dios cuando nos habla directamente a nosotras. Debemos aprender a reconocer su voz por encima de cualquier otro sonido. Dios tiene el poder y la capacidad para hablar a cualquier situación que estemos atravesando, bajo cualquier circunstancia.

Desde el inicio del tiempo, Dios ha comenzado obras poderosas con una Palabra poderosa. Cuando Él habla y nosotras escuchamos, nos preparamos para que haga esas obras en nosotras y a través de nosotras.

¿Qué obras poderosas quieres hacer para el reino de Dios?

Permanecer al final

SEÑOR, tú eres mi Dios;
te exaltaré y alabaré tu nombre
porque has hecho maravillas.
Desde tiempos antiguos
tus planes son fieles y seguros.

ISAÍAS 25:1

Servimos a un Dios que, al final, cuando todo haya caído y todo haya cambiado, seguirá de pie. En toda nuestra confusión, sufrimiento y desesperanza, tenemos la promesa duradera de servir a Aquel que siempre será más grande.

Es fácil desanimarse en esta vida, pero cuando ajustamos nuestra perspectiva para ver todo en el telón de fondo de un Salvador victorioso, podemos enfrentar prácticamente cualquier cosa con una mayor confianza y paz.

¿Qué estás enfrentando ahora mismo que te exija confianza en un Dios victorioso?

Agua y sangre

Éste es Jesucristo, que vino mediante agua y sangre; no mediante agua solamente, sino mediante agua y sangre. Y el Espíritu es el que da testimonio, porque el Espíritu es la verdad.

1 JUAN 5:6 RVC

Jesús no vino a la tierra solo para salvarnos, sino que vino también para sanarnos. Él nos toma tal como somos, pero no nos deja igual. Jesús vino con agua para limpiarnos de nuestro pecado y para sanarnos desde dentro hacia afuera.

Él vino con sangre para ser un sacrificio y salvarnos, cambiando su vida por la nuestra. Nuestra salvación a través de Cristo está completa al ser lavadas por el agua y salvadas por la sangre.

¿Qué quieres pedirle al Señor que sane en ti en este momento?

De las tinieblas

Pero ustedes no son así porque son un pueblo elegido. Son sacerdotes del Rey, una nación santa, posesión exclusiva de Dios. Por eso pueden mostrar a otros la bondad de Dios, pues él los ha llamado a salir de la oscuridad y entrar en su luz maravillosa.

1 PEDRO 2:9 NTV

No intentes esconder de dónde viniste. Por muy oscuro o vergonzoso que fuera tu pasado antes de conocer a Cristo, hay poder en tu testimonio. Cuando se enciende una luz en una habitación ya iluminada, su efecto apenas si se nota; pero cuando incluso la más mínima luz aparece en las tinieblas, somos atraídos a ella.

Hemos sido escogidas como pueblo, posesión exclusiva de Dios para proclamar su excelencia y para ser una evidencia visible de su luz maravillosa y transformadora.

¿Cuál es tu testimonio de ser llamada de la oscuridad?

Impunes

No nos ha tratado como merece nuestra maldad,
Ni nos ha castigado como merecen nuestros pecados.

SALMOS 103:10 RVC

Merecemos la muerte, el castigo y la separación de Dios por nuestros pecados; sin embargo, mediante la gracia de la salvación tenemos vida, recompensa y relación con Dios. Aunque el diablo nos condene por nuestro pecado y nos haga pensar que hemos perdido el favor con Dios, el Espíritu Santo nos convence de nuestro pecado y nos lleva al arrepentimiento y a un favor mayor.

No hay condenación para las que estamos en Cristo Jesús, porque Él murió para borrar nuestros pecados, nuestra culpa y nuestra vergüenza.

¿Cómo te recuerdas a ti misma tu libertad del pecado y de la culpa?

Vive y cree

«Todo el que vive en mí y cree en mí jamás morirá. ¿Lo crees, Marta?».

JUAN 11:26 NTV

A lo largo de toda la Escritura se nos promete claramente vida eterna a través de Cristo. Pero hay algo muy emotivo en la pregunta de este versículo: «¿Lo crees?». ¿Realmente, verdaderamente crees que vivirás para siempre en el cielo con Cristo?

Estamos acostumbradas a promesas que se hacen y se rompen diariamente. La falacia humana nos ha vuelto escépticas y ansiosas. Pero la hermosa verdad es que servimos a un Dios que nunca se apartará del pacto que ha hecho con nosotras. Nuestra esperanza de vida eterna está sellada a nuestro favor cuando ponemos nuestra confianza en Cristo.

¿Qué crees de las promesas de Dios?

Logro

Señor, tú nos concederás la paz;
en realidad, todo lo que hemos logrado viene de ti.

Isaías 26:12 NTV

A medida que cada una de nosotras mira atrás a su vida, recordamos lo que hemos logrado con cierto sentimiento de orgullo. Todas hemos escalado nuestras montañas, pero aquí estamos, todavía de pie para contar la historia.

A medida que reflexionamos con paz en nuestro corazón en las cosas pasadas, debemos recordar que no podríamos haber hecho nada de ello sin Dios. Él es quien lleva nuestras cargas, quien consuela nuestro corazón, quien fortalece nuestra resolución y quien ordena nuestros pasos.

¿Qué has logrado en tu vida que quieras darle la gloria a Dios por ello?

Invisible

Porque no nos fijamos en lo que se ve, sino en lo que no se ve, ya que las cosas que se ven son pasajeras, pero las que no se ven son eternas.

2 CORINTIOS 4:18 DHH

No es fácil fijar los ojos en algo que no podemos ver. Al abandonar nuestra perspectiva terrenal a cambio de una celestial, somos cambiadas radicalmente. Si nos enfocamos tan solo en lo que hay aquí en la tierra, enseguida nos dejaremos abrumar por el temor y la incertidumbre.

Si fijamos nuestros ojos en la promesa del cielo, entonces no podremos evitar estar llenas de paz, gozo y esperanza. Debemos recordar que, mientras estamos aquí en la tierra solo por un tiempo, nuestra bendita realidad eterna es el gozo del cielo.

¿Cómo puedes fijar tus ojos en la eternidad en lugar de fijarlos en los problemas momentáneos que te rodean?

Fiel

Mantengamos firme y sin fluctuar la esperanza que profesamos, porque fiel es el que prometió.

HEBREOS 10:23 RVC

No tenemos que cuestionar si Dios hará o no hará lo que dijo que haría. Él ha demostrado ser fiel y veraz. Cuando Dios nos hace una promesa, no tenemos que preguntarnos si la cumplirá o no. Somos nosotras las olvidadizas, temerosas y, a veces, faltas de fe.

Mediante el poder del Espíritu Santo, la verdad de la Palabra de Dios, y el ánimo de otros creyentes, podemos aferrarnos a la esperanza de nuestra salvación, manteniéndonos fieles a la confesión que hicimos cuando creímos por primera vez.

¿Cómo estableces el hábito de cumplir tu palabra?

Días contados

Señor, recuérdame lo breve que será
mi tiempo sobre la tierra.
Recuérdame que mis días están contados,
¡y cuán fugaz es mi vida!

SALMOS 39:4 NTV

La vida nos lanza todo tipo de cosas. Estrés, presión, decisiones, y agendas apretadas. Cuando vivimos apresuradas en medio de nuestra propia vida, nos olvidamos de la antigua realidad de que la vida se pasa muy rápido. Si nos detenemos, como hizo el salmista, en plena consciencia de una vida fugaz, comenzamos a reconocer que lo que antes nos presionaba es realmente trivial, y que lo que antes era urgente en realidad es insignificante.

Al contar nuestros días y tener presente nuestra fugaz existencia sobre la tierra, podemos gastar nuestras energías no solo en las presiones de la tierra, sino más bien en los propósitos del cielo, que durarán para siempre.

¿Qué estás persiguiendo ahora mismo que perdurará en la eternidad?

Sin ser sacudida

Echa sobre el Señor tu carga, y Él te sustentará;
Él nunca permitirá que el justo sea sacudido.

SALMOS 55:22

Todas tenemos formas distintas de lidiar con la preocupación. Algunas la internalizamos; otras, llamamos a una amiga; y aún otras, encontramos la manera de no pensar en ello. Cuando llevamos nuestra preocupación a Dios y ponemos nuestro ansioso corazón desnudo delante de Él, Dios nos anima, nos levanta y nos sostiene. Él no permitirá que la preocupación nos sacuda o debilite, porque nos sostiene en cada situación.

El Dios que conoce el fin desde el principio no se aturde con nuestra ansiedad, y no permite que la incertidumbre nos venza.

¿Qué ansiedad tienes que entregarle hoy a Dios?

Nunca desilusionadas

Y esa esperanza no acabará en desilusión. Pues sabemos con cuánta ternura nos ama Dios, porque nos ha dado el Espíritu Santo para llenar nuestro corazón con su amor.

ROMANOS 5:5 NTV

Todas hemos conocido la desilusión. En la vida, hemos aprendido a prepararnos tanto para los mejores como para los peores resultados posibles. Sin embargo, cuando se trata de nuestra salvación, no hay necesidad de que la desilusión nos alcance, porque la esperanza que tenemos en Cristo está garantizada.

La presencia del Espíritu Santo en nuestro corazón nos recuerda constantemente esta promesa cierta y preciosa que tenemos en Cristo.

¿Cómo te has desilusionado últimamente?
¿Ves la esperanza de Dios en la situación?

Recordar las maravillas

Pero después me acuerdo de todo lo que
has hecho, oh Señor;
recuerdo tus obras maravillosas de tiempos pasados.

SALMOS 77:11 NTV

Cuando nos damos cuenta de que estamos dudando del poder de Dios para obrar milagros en nuestra vida, debemos recordar las maravillas que ha realizado a lo largo de la historia. La Escritura está llena de relatos de vidas cambiadas por el poder de Dios.

El mismo gran Dios que resucitó a Lázaro de los muertos es el Dios a quien adoramos hoy. El Dios que dio vista a un ciego e hizo que un cojo se levantara y anduviera, aún sigue haciendo milagros. Cree en que Dios hará algo mayor, sabiendo que su poder no ha disminuido y que sus maravillas nunca cesan.

¿Cómo puedes crecer en fe y expectativa en cuanto a la grandeza de Dios?

A causa de los pobres

Tú, Señor, has dicho:
«Tanto se oprime a los pobres,
y es tanto el clamor de los humildes,
que ahora voy a levantarme
para acudir en su ayuda».

SALMOS 12:5 RVC

La economía de Dios es totalmente opuesta a la nuestra. Nuestra divisa es el dinero y el poder, mientras que la suya es la misericordia y la gracia. Nuestra sociedad eleva a los ricos y prominentes, pero Dios levanta a los necesitados y desconocidos. Su principal objetivo no es sacar algo de la gente, sino derramarse sobre ellos. Su corazón está con los pobres. Él es el defensor de los humildes y el protector de los débiles.

Si queremos agradar el corazón del Padre, entonces nosotras también tendremos que tomar la causa de los pobres. Los defenderemos, rescataremos y ayudaremos. Les hablaremos, honraremos y derramaremos amor sobre ellos.

¿Qué oportunidades tienes para suplir las necesidades de los pobres y servir a los desamparados?

Totalmente dedicada

«¡No insistas en que te abandone o en que me separe de ti! Porque iré adonde tú vayas y viviré donde tú vivas. Tu pueblo será mi pueblo y tu Dios será mi Dios».

RUT 1:16

Rut dejó todo lo que había conocido siempre para seguir a Noemí hasta Belén, una tierra totalmente extraña para ella. Qué compromiso tan radical: ¡dejar todo lo familiar por devoción a otra persona!

¿Estás dispuesta a dejar todo lo que has conocido hasta ahora para seguir a Dios? Él es un Dios que recompensa y devuelve. Todo lo que dejes por el reino te será restaurado en una medida incluso mayor que lo que dejaste.

¿Dónde crees que te está guiando Dios?

Empatía humana

Alégrense con los que están alegres
y lloren con los que lloran.

ROMANOS 12:15 NTV

Hay pocas cosas más destacadas que el poder de la empatía humana. Cuando alguien está herido, podemos sentir su dolor aunque nosotras no estemos heridas. Cuando alguien llora, podemos llorar con él aunque nosotras no estemos tristes. Cuando alguien se ríe, podemos disfrutar del momento con ella aunque la felicidad no sea nuestra.

Jesús vino a nosotras, como ser humano, en el mayor acto de empatía de la historia. Al seguir su ejemplo cargando las tristezas de los demás y compartiendo la alegría de otros, expresamos su corazón al mundo.

¿Cómo puedes ministrar el carácter de Dios a los que te rodean?

Haz un cambio

No se amolden al mundo actual, sino sean transformados mediante la renovación de su mente. Así podrán comprobar cómo es la voluntad de Dios: buena, agradable y perfecta.

ROMANOS 12:2

Queremos cambiar, pero nos cuesta seguir o mantenernos enfocadas en nuestras metas. «Algún día...» es el enemigo de «Hoy...»; pero a la vez parece que, mientras el cambio nos duela más que seguir como estamos, vacilamos entre nuestro deseo y nuestra comodidad.

A menudo ocurre lo mismo con rendirnos al Espíritu Santo. Él anhela hacer «cosas mayores que estas», y aunque eso nos parece atractivo, la comodidad de no hacer nada nos parece reafirmante, segura y predecible. Por fin, descubrimos que el centro de la voluntad de Dios es verdaderamente el lugar más seguro para nuestra vida. Sabiendo eso, nos alegramos en Él cuando nos moldea e inspira. Fuimos creadas para hacer cosas buenas.

¿Qué cambios está haciendo la Palabra de Dios en tu vida?

Excepcionalmente tú

Así como nuestro cuerpo tiene muchas partes y cada parte tiene una función específica, el cuerpo de Cristo también. Nosotros somos las diversas partes de un solo cuerpo y nos pertenecemos unos a otros.

ROMANOS 12:4-5 NTV

Cada una de nosotras tiene una función. No operamos todas igual, porque no estamos hechas así. A menudo no estamos de acuerdo en las prioridades, aparte de habitar en Cristo y vivir en amor, porque cada una de nosotras fue creada distinta para mostrar distintos aspectos de la gloria de Dios.

Muchas veces, leemos este versículo como una súplica para ser amables con personas de otras denominaciones. Pero no se trata de eso. Es una glorificación de nuestro Dios maravillosamente creativo, y un ánimo para que cada una tome sus dones, permitiendo que otros hagan lo mismo. Cuando finalmente aceptamos nuestra interdependencia, nos honramos unas a otras y operamos en unidad. Aceptamos quiénes somos en Cristo y soltamos lo que no somos. Tener la libertad de hacer esto es un aspecto de lo que es ser verdaderamente libre en Cristo, y actuar en libertad.

¿Qué dones concretos tienes para ofrecer a otros?

Subir de nivel

Confía en el Señor de todo corazón,
y no te apoyes en tu propia prudencia.
Reconócelo en todos tus caminos,
y él enderezará tus sendas.

PROVERBIOS 3:5-6 RVC

A medida que aprendemos a caminar rendidas al Espíritu Santo, nuestro Padre celestial nos llama a subir de nivel en nuestra intimidad con Él. Para hacerlo, debemos volvernos vulnerables y ser genuinas con Él. Debemos confiar continuamente en Él más que en nuestras propias experiencias o razonamientos.

Cuando confiamos en Dios sin límites, vemos que Él es más confiable que nadie. Somos envueltas en su amor, el lugar más seguro en el que podemos estar. Inclinando continuamente nuestro corazón hacia Él, y escogiendo lo que Él escogería, recibimos su consuelo y su guía, y nuestros caminos se enderezan.

¿En qué área tienes que soltar el control?

Fuerzas renovadas

Le pido a Dios, fuente de esperanza, que los llene completamente de alegría y paz, porque confían en él. Entonces rebosarán de una esperanza segura mediante el poder del Espíritu Santo.

ROMANOS 15:13 NTV

La vida saca muchas cosas de nosotras. Desde enfermedad y dolor hasta la incertidumbre y la tristeza, los retos de la vida pueden acabar en poco tiempo con nuestras fuerzas. Sin embargo, para las que hemos puesto nuestra confianza en el Señor, hay una fuente de renovación.

Aquella cuya alma está cansada y cuya fe ha disminuido, puede encontrar renovación en Jesús. Cuando acudimos a las promesas que encontramos en su Palabra y el gozo que se encuentra en su presencia, reviviremos por su Espíritu, encontrando una fortaleza mucho mayor que la nuestra.

¿Cómo encontramos fortaleza en tiempos de agotamiento?

Libertad

Cristo nos libertó para que vivamos en libertad.
Por lo tanto, manténganse firmes y no se sometan
nuevamente al yugo de esclavitud.

GÁLATAS 5:1

Cristo pagó un precio muy alto por nuestra libertad. Con su vida compró nuestra salvación y nuestra emancipación del pecado. Cuando escogemos seguir viviendo en pecado después de haber aceptado la obra de Cristo, es como si un hombre libre regresara voluntariamente a la esclavitud.

El deseo de Dios es que vivamos en total libertad: libertad del pecado, la muerte y la desesperación de la vida sin redención. Debemos estar firmes en la verdad de nuestro privilegio, caminando confiadamente en la libertad que con tanto cariño se nos compró.

¿Qué pasos puedes dar para vivir en libertad?

Poder para transformar

Dios nos hace justos a sus ojos cuando ponemos nuestra fe en Jesucristo. Y eso es verdad para todo el que cree, sea quien fuere.

1 JUAN 3:1

Dios tiene el poder de transformar cualquier cosa. Puede que pensemos que una persona o situación en concreto está completamente fuera del alcance de la redención, pero Dios puede reclamar incluso los corazones y las circunstancias más imposibles. Quizá hemos perdido la fe para creer en algo, pero Dios nunca hace eso, porque sabe que puede hacer cualquier cosa.

Dios, que tiene el poder de crear el universo con su voz, ciertamente puede intervenir en una situación y hacer en ella lo que desee. Dios, que ordenó que los muertos salieran de la tumba, ciertamente puede ablandar el corazón incluso del alma más endurecida.

¿Cómo puedes confiar en Dios durante el proceso de redención?

La ironía de la debilidad

El Señor es el Dios eterno,
el Creador de toda la tierra.
Él nunca se debilita ni se cansa; nadie puede
medir la profundidad de su entendimiento.
Él da poder a los indefensos
y fortaleza a los débiles.

ISAÍAS 40:28-29 NTV

Cuando quedas desprovista de tus talentos y fortalezas, no puedes hacer nada salvo confiar en que la gracia de Dios te lleve hacia delante. Es ahí, en tu debilidad, donde verdaderamente se revela el poder de Dios. A ninguna nos gusta sentirnos ineptas, pero si nuestra ineptitud puede revelar más a Cristo en nosotras, siempre valdrá la pena.

Debemos recordar que somos canales de misericordia, imágenes huecas de su gracia que existen para dar la gloria a Cristo siempre, en primer lugar, y ante todo.

¿Cómo puedes darle la gloria a Dios en tu debilidad hoy?

El peso de la preocupación

Las preocupaciones no dejan a la gente ser feliz,
pero las palabras de aliento le traen alegría.

PROVERBIOS 12:25 PDT

La preocupación llena nuestra cabeza de preguntas que quizá nunca tengan respuestas, y de posibilidades que quizá nunca se produzcan. Nos cansamos a medida que nuestros problemas momentáneos pesan más que nuestra paz. Es en esos momentos cuando las palabras alentadoras de una amiga pueden convertirse en el catalizador para cambiar nuestra incertidumbre en fortaleza y nuestra duda en una fe restaurada.

Al rodearnos del tipo de personas que regularmente dicen la verdad, aseguramos inconscientemente nuestra propia paz y nuestra alegría futura.

¿Qué amigas en tu vida te ayudan a aliviar parte de tu ansiedad? ¿Por qué?

Felices recuerdos

Sí, el SEÑOR ha hecho cosas maravillosas
por nosotros, ¡qué alegría!

SALMOS 126:3 NBV

Todas tenemos historias increíbles que contar. Estos tapices de nuestra vida han sido tejidos de forma majestuosa con un millón de momentos de gracia y asombro. Piensa por un instante en algunas cosas que Dios ha hecho por ti en algún momento de tu vida.

Tu propio recuerdo de lo milagroso en medio de lo ordinario te fortalecerá a medida que te gozas en las grandes cosas que Él ha hecho.

¿Qué milagros se han producido en tu vida?

Febrero

Me has armado
de fuerza para la batalla;
has sometido a mis enemigos
debajo de mis pies.

Salmos 18:39 NTV

Guiadas

Conduciré a los ciegos por un camino que no conocen,
por sendas que no conocen los guiaré;
cambiaré delante de ellos las tinieblas en luz
y lo escabroso en llanura.
Estas cosas haré, y no las dejaré sin hacer.

ISAÍAS 42:16 LBLA

Cuando sientes que has perdido el rumbo, y no puedes sentir con los pies el camino que recorres, Dios promete guiarte hacia delante. Aunque no puedas ver lo que te espera, y aunque el camino parezca rocoso e incierto, Dios te guiará. El camino que parecía intransitable se allanará, y el camino que parecía imposible se enderezará.

Dios promete hacer esto por ti y mucho más porque te ama, y su amor nunca falla ni se olvida.

¿Cómo puedes confiar en la guía de Dios a pesar de cuán imposible parezca el camino?

Apartadas

Santifícalos en la verdad;
tu palabra es verdad.

JUAN 17:17 LBLA

Somos bombardeadas con falsedad todos los días. La prensa amarilla miente sobre las figuras públicas, los periódicos imprimen inexactitudes, los programas de televisión enlodan la realidad, y las redes sociales están abarrotadas de artículos cuyos hechos no han sido corroborados correctamente. Sin embargo, en un mundo de información incorrecta hay una fuente de verdad en la que siempre podemos confiar: la Biblia.

Cuando no sabemos dónde buscar para encontrar la verdad, siempre podemos abrir su Palabra y ser fortalecidas por su certeza. Somos santificadas, apartadas, por la verdad que encontramos en la Escritura.

¿Sobre qué mentiras tienes que hacer brillar la verdad hoy?

Dios de seguridad

Los que viven al amparo del Altísimo
encontrarán descanso a la sombra del Todopoderoso.
Declaro lo siguiente acerca del Señor:
Solo él es mi refugio, mi lugar seguro:
él es mi Dios y en él confío.

SALMOS 91:1-2 NTV

Todas aplaudimos el heroísmo del joven David cuando derrotó al gigante Goliat. O la valentía de Moisés cuando confrontó a Faraón para que liberara a los israelitas. Pero ¿reconocemos que la misma seguridad que se les dio a ellos también nos ha sido dada a nosotras? Ellos fueron personas normales como nosotras, que entendieron el poder del Dios a quien servían.

Sea lo que sea que estés enfrentando ahora, Dios es más que capaz de rescatarte y mantenerte segura en medio de todo ello.

¿Quién es tu héroe favorito de la fe y por qué?

Solo a Él

Ustedes deben ir en pos del Señor su Dios,
y temerlo sólo a él.
Deben cumplir sus mandamientos y atender su voz.
Sólo a él deben servir; sólo a él deben seguir.

DEUTERONOMIO 13:4 RVC

Dios es misericordioso y bueno, pero también es un Dios celoso. Él quiere ser entronado en corazones que se hayan entregado solamente a Él. Hay muchas demandas opuestas en nuestra devoción: causas que nos apasionan, ideas que nos emocionan y visiones que nos vigorizan. Aunque nuestros esfuerzos en estas cosas son justos, a menudo pueden ser una distracción para nosotras del propósito al que deberíamos ser leales.

Deberíamos seguir a Dios con más celo que a cualquier otra cosa. Debemos estar dispuestas a soltar todo para servirlo a Él con más plenitud.

¿Cómo puedes hacer que Dios sea tu única pasión verdadera?

Limpiadas

Dios mío, por tu gran misericordia, ¡ten piedad de mí!;
por tu infinita bondad, ¡borra mis rebeliones!
Lávame más y más de mi maldad;
¡límpiame de mi pecado!

SALMOS 51:1-2 RVC

Todas deberíamos anhelar ser purificadas de nuestros pecados, porque es en la limpieza de nuestra iniquidad donde somos atraídas más cerca de Dios. Nuestro pecado quizá sea precioso para nosotras, pero cuando lo comparamos con el tesoro de la cercanía con el Padre, al instante pierde su valor.

Dios no endurece su corazón ante un creyente arrepentido. Cuando clamamos a Él lamentándonos genuinamente, Él nos llena por completo de su misericordia y amor, lavándonos de nuestros pecados y restaurándonos para una relación correcta con Él.

¿Hay cosas por las que te lamentas genuinamente que quisieras entregarle hoy a Dios?

Sin temor

Está vestida de fortaleza y dignidad,
y se ríe sin temor al futuro.

PROVERBIOS 31:25 NTV

Es natural tener miedo a lo desconocido. Puede asustarnos no saber lo que viene después o cómo prepararnos para ello. Pero no tienes por qué temer al futuro cuando sabes en quién confías. Puedes vivir sin ansiedad en cuanto a lo que vendrá, porque sabes que tu vida está en las manos de Aquel que lo controla todo.

Cuando estás en Cristo, puedes sonreír ante el misterio del futuro con el corazón en paz y sin afán de la persona que sabe que está segura.

¿Cómo sometes tus temores a Dios?

Asombro mayor

Cuando contemplo el cielo, obra de tus dedos,
y la luna y las estrellas que has creado, me pregunto:
¿Qué es el ser humano, para que en él pienses?
¿Qué es la humanidad, para que la tomes en cuenta?

SALMOS 8:3-4 RVC

La grandeza de nuestro Dios se muestra de modo majestuoso a través de toda su creación. Cuando miramos el cielo nocturno y vemos las centelleantes estrellas y la lejanía de los planetas, nos damos cuenta casi al instante de cuán pequeñas somos en su universo. Pero un asombro mayor que la grandeza de la capacidad de Dios es el valor que atribuye a la humanidad.

El Dios de todo esto (del universo y todo lo que contiene) es el mismo Dios que entregó su vida para conocernos. El Dios que hizo existir el mundo con sus palabras es el mismo Dios que habla calladamente a nuestro corazón. Su amor por nosotras es tan inescrutable como los cielos.

¿Por qué parte de la creación de Dios estás más agradecida hoy?

Totalmente dedicada

Y ahora, dedíquense de todo corazón al Señor nuestro Dios; vivan según sus estatutos y cumplan sus mandamientos, como ya lo hacen.

1 REYES 8:61

¿Está tu corazón totalmente dedicado a Dios, o existen otros amores que reclaman tu devoción? Si verdaderamente le has entregado tu corazón al Señor, entonces seguirás de forma natural sus mandamientos con tu vida. Estar dedicada a alguien es dejarse llevar por un deseo de agradarlo, de darle lo mejor, porque tu propio amor te lo demanda.

Examina regularmente tu corazón para evaluar si estás o no totalmente dedicada a Dios, o si por el contrario estás permitiendo que tu corazón se distraiga con algún otro amor.

¿Qué otros amores amenazan tu devoción a Dios?

Confiable

Pues la palabra del Señor es verdadera
y podemos confiar en todo lo que él hace.

SALMOS 33:4 NTV

Todas hemos experimentado alguna medida de dolor. A todas nos han afectado sueños que nunca se cumplieron, relaciones rotas y promesas vacías. Por muy dolidas o desgastadas que nos podamos sentir, siempre podemos confiar en Dios en nuestro corazón. Él nunca nos mentirá, manipulará o decepcionará. Él nunca retirará lo que nos ha dicho, ni dejará de amarnos.

El Señor es siempre fiel a su Palabra. El que ha sido a lo largo de los siglos sigue siendo hoy. El Dios sobre el que leemos en la Escritura, que nunca olvidó sus pactos y amó irrevocablemente, es el mismo Dios que sostiene hoy nuestro corazón.

¿Te está impidiendo avanzar la confianza rota?

Vete en paz

Pero Jesús dijo a la mujer:
Tu fe te ha salvado, vete en paz.

LUCAS 7:50 LBLA

Cada vez después de que Jesús sanaba a alguien, le daba el mismo mandamiento: «Vete en paz». Jesús sabía que, incluso después del asombro del milagro, habría preguntas. Aunque la sanidad exterior se había producido, la agitación interior aún amenazaba con abrumar sus corazones.

Cuando Jesús sana a alguien, lo sana de forma integral. Él no solo arregla un problema, sino que salva a la persona completa. Cuando acudimos a Cristo, somos sanadas de la ley del pecado y de la muerte y somos llevadas a una vida de unidad y paz. Nuestra paz es una marca de nuestra sanidad y debemos caminar en ella confiadamente.

¿Cómo puedes reclamar sanidad y paz hoy?

Fascinación

Los que aman tus enseñanzas tienen mucha paz
y no tropiezan.

SALMOS 119:165 NTV

El resultado natural del amor es la fascinación: ser atraídas a algo tan irresistiblemente que nada pueda impedirlo. Cuando nos fascinamos con la Palabra de Dios, nos convertimos en una fuerza indestructible en el ámbito espiritual.

No nos podemos someter fácilmente a las mentiras del enemigo cuando nuestro corazón ha sido saturado con la verdad. Al amar las enseñanzas de Dios, su sabiduría se convierte en nuestra confianza y su presencia en nuestra recompensa.

¿Qué es lo que más te fascina acerca de Dios?

Alegre espera

Espero al Señor, lo espero con toda el alma;
en su palabra he puesto mi esperanza.

SALMOS 130:5

Muchas veces pensamos en la espera como algo difícil, incluso desagradable. Pero, a veces, esperar es algo maravilloso: esperar a dar buenas noticias, esperar el nacimiento de un hijo, la anticipación de dar un regalo especial.

Cuando lo que esperamos es algo bueno, la espera en sí misma es un regalo. Así debe ser nuestra espera del Señor. Con toda nuestra esperanza en Él, el resultado es seguro. El resultado es la eternidad. Que cada parte de nosotras lo espere a Él con una alegre anticipación.

¿Qué esperas y anticipas para hoy?

Aunque tropecemos

El Señor afirma los pasos del hombre
cuando le agrada su modo de vivir;
podrá tropezar, pero no caerá,
porque el Señor lo sostiene de la mano.

SALMOS 37:23-24

Acuérdate de uno o dos sucesos recientes que no llegaron a ocurrir. El accidente que casi sucedió, el avión que casi pierdes, la tormenta que comenzó justo unos segundos antes de entrar a la casa. Con la ráfaga de adrenalina, puede que se nos olvide darle gracias a Dios por ese extra de velocidad o el poder de frenada extra en nuestro automóvil.

¿Realmente casi nos caímos, o se nos dio un destello del Señor obrando en nuestra vida? Como humanas, tropezamos; como hijas suyas, Él nos atrapa.

¿Cómo has visto al Señor obrar en tu vida en esos casi sucesos?

Bueno y perfecto

Todo lo que es bueno y perfecto es un regalo que desciende a nosotros de parte de Dios nuestro Padre, quien creó todas las luces de los cielos. Él nunca cambia ni varía como una sombra en movimiento.

SANTIAGO 1:17 NTV

Toma unos minutos para hacer una pausa y considerar todo lo bueno, toda la belleza que hay en tu vida. Quizá estés en una época en la que es fácil hacer esto, o tal vez ahora sea un tiempo que no parezca particularmente «bueno y perfecto».

Peonías en junio, el guiño de una luna menguante, amar y ser amada, todo esto son regalos de Dios. Tu Padre es un buen padre, dador de buenos regalos. Esto no cambia, incluso cuando sí lo hagan tus circunstancias.

¿Qué regalos buenos y perfectos has recibido últimamente del Padre?

De las lágrimas a la alegría

Los que siembran con lágrimas
cosecharán con gritos de alegría.

SALMOS 126:5 NTV

En tiempos de tristeza, ya sea por una ruptura reciente o un recuerdo lejano, puede parecer que el dolor no se acabará nunca. No hay palabras de consuelo, por muy ciertas o bienintencionadas que sean, que puedan hacer desaparecer el dolor.

Esos son los momentos en los que solo tenemos que gatear hasta el regazo de nuestro Abba y permitir que su amor y sus promesas nos envuelvan en su consuelo. Él no dirá cuándo, pero nos asegura esto: volveremos a gritar de alegría.

¿Por qué estás derramando lágrimas últimamente?
¿Podrías dejar que Dios te consuele?

No son del mundo

«No te pido que los quites del mundo,
sino que los protejas del maligno.
Ellos no son del mundo, como tampoco lo soy yo».

JUAN 17:15-16

Cuando algo es demasiado maravilloso para describirlo, decimos que no es de este mundo. Es claramente de aquí, pero hay algo que lo hace ser especial.

Ocurre lo mismo con nosotras. Aún tenemos nuestros trabajos, dormimos en nuestras camas, y ponemos de nuestra parte para amar bien y marcar la diferencia, pero hay algo distinto en las que pertenecen a Jesús. Ya no somos de este mundo. Eso nos hace especiales y vulnerables.

¿Cómo te ves distinta al mundo?

Bajo protección

Si haces al Señor tu refugio
y al Altísimo tu resguardo,
ningún mal te conquistará;
ninguna plaga se acercará a tu hogar.
Pues él ordenará a sus ángeles que
te protejan por donde vayas.

SALMOS 91:9-11 NTV

La seguridad es un gran negocio. Piensa en todas las líneas de productos que existen para protegernos: desde equipos deportivos hasta sistemas de seguridad. Para casi todos los aspectos de la vida, alguien tiene un modo de hacerte más segura en ello.

Dios conoce nuestro deseo de seguridad, y ofrece protección como ninguna cantidad de almohadillas o tecnología podría proporcionar. Él tiene nuestras almas eternas bajo sus alas.

¿Cuándo te sientes más segura?

Gente de luz

Pues antes ustedes estaban llenos de oscuridad, pero ahora tienen la luz que proviene del Señor.
Por lo tanto, ¡vivan como gente de luz!
Pues esa luz que está dentro de ustedes produce solo cosas buenas, rectas y verdaderas.

EFESIOS 5:8-9 NTV

En una radiografía, un punto oscuro representa algo que no debería estar ahí. Un tumor, un coágulo, una fisura en el hueso. Para que nuestros cuerpos funcionen como deberían, esos puntos oscuros requieren atención y extirpación antes de que nos hagan más daño.

El pecado es un punto oscuro en nuestro corazón. Jesús es la luz vivificadora que elimina esos lugares oscuros y nos vuelve a dejar saludables y bien. Nos permite ser gente de luz, reflejando su bondad y proclamando su verdad.

¿Qué puntos oscuros quieres que Jesús limpie hoy?

Verdaderamente asombroso

Los cielos cuentan la gloria de Dios;
la expansión proclama la obra de sus manos.
Un día transmite el mensaje al otro día;
una noche a la otra comparte sabiduría.

SALMOS 19:1-2

Hay una belleza asombrosa a nuestro alrededor, tanta que podemos llegar a acostumbrarnos a ella. ¿Cuándo fue la última vez que te paraste a maravillarte de la increíble creatividad de Dios?

Estudia una flor. Lee acerca del ojo humano. Observa el sol salir o ponerse. Escribe tus sueños. Pasa algo de tiempo tan solo empapándote de lo asombroso del Creador.

¿Cuándo fue la última vez que dedicaste tiempo a maravillarte de la creatividad de Dios?

Todo tu ser

«Ama al Señor tu Dios con todo tu corazón, con toda tu alma, con toda tu mente y con todas tus fuerzas».

MARCOS 12:30

¿Sabes con cuánta desesperación te ama el Padre? Reemplazando las miles de reglas del Antiguo Testamento, Jesús nos pide que guardemos tan solo un mandamiento: ama a Dios con todo tu ser.

Dios quiere que lo ames con el corazón, con el alma, con la mente, y con todas tus fuerzas. ¿Cuál de todas estas cosas eres más reticente a entregarle?

¿Qué le puedes dar hoy a Dios?

Las rocas no cambian

Confíen en el Señor para siempre,
porque el Señor, el Señor mismo, es la Roca eterna.

ISAÍAS 26:4

Cuando las personas habla sobre la persona más confiable que conocen, describen a esa persona como si fuera una roca. Esas personas representan una constante en nuestra vida; el consejo que dan hoy es el mismo consejo que darán dentro de veinte años. Sus principios, y su amor, son firmes.

Una roca introducida en una caja durante décadas será exactamente igual el día que la saquen de ella. Las rocas no cambian.

¿Qué cualidad de Dios es la que más te recuerda a una roca?

Descanso para tu alma

«Carguen con mi yugo y aprendan de mí,
pues yo soy apacible y humilde de corazón,
y encontrarán descanso para sus almas.
Porque mi yugo es suave y mi carga es liviana».

MATEO 11:29-30

Escoge un trabajo: desenterrar y trasladar piedras para preparar un campo, o esparcir semillas yendo detrás del arado. ¿Un trabajo agotador o un paseo semi relajado?

La invitación de Jesús a caminar con Él es precisamente esa elección. Su camino es el amor, la confianza y la dependencia del Padre. Nuestro camino es, bueno, más parecido a desenterrar rocas. Cuando nos invita a seguirlo, nos invita a aligerar nuestras cargas.

¿Qué estás intentando cargar tú sola?

Nada que temer

Cuando mis inquietudes se multiplican dentro de mí,
tus consuelos deleitan mi alma.

SALMOS 94:19 LBLA

Preocupación. Estrés. Ansiedad. Es probable que tan solo por leer estas palabras aumenten tus niveles de cada una de ellas. El temor es una de las mayores amenazas de la paz que tenemos en el Señor.

Según somos consumidas por las muchas presiones de este mundo, es fácil apartar nuestros ojos del consolador de nuestra alma: el Espíritu Santo de Dios. Con la misma facilidad, regresemos a Él y observemos cómo nuestras muchas preocupaciones se desvanecen hasta ser insignificantes.

¿Cómo calma tus preocupaciones el consuelo de Dios?

Completamente sintonizado

No bien decía: «Mis pies resbalan»,
cuando ya tu gran amor, Señor, venía en mi ayuda.

SALMOS 94:18

Un buen ayudante de cirujano sabe qué instrumento necesita el cirujano antes de que se lo pida. Una mamá puede notar una nariz atorada o un corazón roto en cuanto su hijo entra en la sala; las palabras precisas y un abrazo están a la espera. Atención: es parte del trabajo.

El Señor está completamente sintonizado con tus necesidades. Mucho antes de que te caigas, su brazo ya te espera para sostenerte. Él está ahí a tu lado, siempre.

¿Cómo ha sido últimamente la atención de Dios una bendición para ti?

Paz con Dios

En consecuencia, ya que hemos sido justificados mediante la fe, tenemos paz con Dios por medio de nuestro Señor Jesucristo.

ROMANOS 5:1

¿Alguna vez te preguntas si estarás agradando a Dios? A veces, esta pregunta da vueltas en la mente de los creyentes, de forma subconsciente o consciente. Para una hija de Dios, es una respuesta bastante sencilla. Tenemos que entrenar nuestro corazón y nuestra mente con la respuesta para no atormentarnos innecesariamente.

Hay solo un camino hacia la paz con Dios. Si has recibido a Cristo como tu Señor, entonces la fe que te llevó a creer eso te justificó delante de Dios. Tu fe en Cristo hace que ya no seas culpable. Por eso, puedes tener paz. Amada hija, no te preocupes. Dios no es como nosotras, variable y difícil de agradar. Él está agradado con el sacrificio de su Hijo y con tu fe en Él.

¿Cómo puedes permanecer en la paz de Dios?

Cumple su propósito

El SEÑOR cumplirá en mí su propósito.
Tu gran amor, SEÑOR, perdura para siempre;
¡no abandones la obra de tus manos!

SALMOS 138:8

¿Sabías que Dios tiene más intención de cumplir su propósito para tu vida que tú misma? Él es plenamente consciente de que eres el vaso más frágil en tu relación con Él. Aunque podamos sentir celo y pasión, es natural que nos debilitemos, sintamos pereza o seamos ociosas. Esto puede desalentarnos, pero Dios no se desanima tan fácilmente. A fin de cuentas, Él es nuestro Hacedor y sabe exactamente cuán frágiles somos.

Dios puede cumplir su propósito para ti, porque su amor permanecerá sobre ti para siempre. Su amor no es débil. Tú eres la obra preciosa de sus manos.

¿Cómo puedes confiar y asociarte con Dios para cumplir sus propósitos para tu vida?

Peregrinaje con Dios

Dichoso el que tiene en ti su fortaleza,
que de corazón camina por tus sendas.
Según avanzan los peregrinos, cobran más fuerzas,
hasta que contemplan a Dios en Sión.

SALMOS 84:5-7

El salmista nos da un cuadro de lo que es estar de peregrinaje con Dios. Cada cristiano comienza su viaje como un peregrino, y no termina hasta que estamos con Él para siempre. Cualquiera que haya recorrido, aunque solo sea una parte de este camino, sabe que el peregrinaje no siempre, o nunca, es un camino perfectamente pavimentado. Hay cerros y valles.

Otro nombre para el valle de Baca es el Valle de las Lágrimas. Solo porque nos dirijamos a Sión no significa que no vayamos a tener dificultades. Porque los creyentes que continúan verán que no son cada vez más débiles, sino más fuertes. Esto se debe a que, cuanto más caminan, más aprenden que su fortaleza no viene de ellos mismos.

¿Cómo te sientes espiritualmente más fuerte hoy que el año pasado?

Arraigadas en amor

Pero tú, Señor, eres Dios compasivo y misericordioso, lento para la ira y grande en amor y fidelidad.

SALMOS 86:15

Es muy importante, como hijas de Dios, que tengamos confianza en su carácter. En Efesios 3:17, Pablo ora que estemos arraigadas y establecidas en el amor de Dios. Esto significa que nuestras raíces estén enterradas hondo en el terreno de su amor, y que absorbamos todos nuestros nutrientes mediante esas raíces.

A medida que te mantienes firme en su amor, puedes recibir corrección y dirección de Él sin ofenderte, porque sabes que vienen de un corazón de amor.

¿Cómo te mantienes confiada en el amor de Dios por ti?

Marzo

«Estas cosas les he hablado
para que en mí tengan paz.
En el mundo tendrán aflicción;
pero confíen,
yo he vencido al mundo».

Juan 16:33 RVC

Aceptación incondicional

Por tanto, acéptense mutuamente,
así como Cristo los aceptó a ustedes
para gloria de Dios.

ROMANOS 15:7

Si ella contara menos chismes. Si él expresara más sus sentimientos. Es fácil, ¿verdad? hablar de las cosas que otras personas podrían cambiar para mejorar. Sabemos que somos llamadas a vivir en armonía unos con otros, pero nuestros «otros» a veces nos lo ponen difícil.

Sin embargo, tenemos que aceptarnos los unos a los otros como Cristo nos aceptó. Jesús nos recibe tal como somos: quebradas, imperfectas, pecadoras. Si es así como nos recibe el Salvador, ¿quiénes somos nosotras para poner condiciones a la manera en que aceptamos a los demás?

¿Cómo puedes mostrar a otros aceptación incondicional?

Preparada para ver

Ábreme los ojos, para que contemple
las maravillas de tu Ley.

SALMOS 119:18

Recuerda alguna vez en la que de repente entendiste algo. Tal vez tardaste un rato en entender una broma, o quizá finalmente entendiste por qué tu mamá no te dejaba ponerte cierta ropa para ir a la escuela. «¡Ahora lo entiendo!», dijiste.

La Biblia está llena de ese tipo de momentos. Al profundizar en la Palabra, Dios abre nuestros ojos para ver cosas que nunca antes habíamos visto. Historias que habíamos oído durante toda nuestra vida adquieren otra frescura con ideas nuevas. Verdades que habíamos dado por sentadas adquieren un nuevo peso e importancia a medida que nos damos cuenta de que la Palabra está viva.

¿Qué belleza y profundidad has encontrado escondidas en la Palabra de Dios?

Un corazón que se interesa

Pues Dios trabaja en ustedes y les da el deseo
y el poder para que hagan lo que a él le agrada.

FILIPENSES 2:13 NTV

¿Cuál ha sido tu última buena obra espontánea? Ya sea que le compraras una hamburguesa a algún indigente, que dieras una aportación para cavar un pozo de agua potable en África, o simplemente que sonrieras a algún desconocido en el pasillo del supermercado, estos impulsos son la evidencia de la obra del Espíritu en tu vida.

Cuanto más sintonizamos con Dios, más actuará Él en nosotras. Al enfocar nuestros pensamientos en su perfecto amor y mirarlo a Él en busca de inspiración, Él nos provee oportunidades, grandes y pequeñas, para expresar su amor a otros.

¿Cómo puedes compartir el amor y la bondad de Dios con alguien hoy?

Ramita a ramita

La mujer sabia edifica su casa,
pero la necia la derriba con sus propias manos.

PROVERBIOS 14:1

Si vieras a mamá ave rompiendo su nido, ¿cómo reaccionarías? Es difícil imaginarlo, ¿verdad? Ahora piensa en una mujer que conozcas que esté tan ocupada que no pueda ir a ver un partido de fútbol de su hijo, devolver una llamada o escribir una tarjetita de felicitación. Tristemente, no es muy difícil de imaginarlo. Quizá incluso tú misma lo has visto.

Decisión a decisión, ramita a ramita, tenemos la opción de construir nuestros hogares, nuestras vidas y nuestras relaciones, o destruirlas. Cuando mantenemos nuestra atención en el Padre, Él nos da la fuerza para seguir construyendo.

¿Qué pasos puedes dar para reforzar tu conexión con las personas que amas?

Sin motivo

Honren al Señor por la gloria de su nombre;
adoren al Señor en la magnificencia de su santidad.

SALMOS 29:2 NTV

No es tu cumpleaños, pero hay un regalo en la cocina que tiene tu nombre. No has hecho nada particularmente especial últimamente, pero llega una tarjeta al correo dejándote saber que eres amada; sin motivo. Es una sensación maravillosa. Y te hace sentir incluso mejor cuando eres tú la que hace estas cosas.

¿Cuándo fue la última vez que adoraste a Dios solo por ser Dios? A Él le encanta recibir regalos espontáneos de amor, honor y alabanza tanto como a nosotras.

¿Cómo puedes honrar al Señor hoy?

Nunca visto

Ustedes lo aman a pesar de no haberlo visto;
y aunque no lo ven ahora, creen en él
y se alegran con un gozo indescriptible y glorioso.

1 PEDRO 1:8

¿Cómo te enamoraste la primera vez de Jesús? A diferencia del amor humano, uno de los grandes misterios de la fe es cómo podemos estar tan seguras y amar tanto a alguien a quien en realidad no hemos visto nunca. Pero podemos. Lo hacemos.

Una de las mayores recompensas de la fe es el «gozo indescriptible y glorioso» que el Espíritu Santo pone en nuestro corazón el momento en que creemos. ¿Has solicitado hoy tu gozo?

Escribe cómo sabes que Dios es real.

Oraciones de caja de galletas

Si mi pueblo, que lleva mi nombre, se humilla y ora, y me busca y abandona su mala conducta, yo lo escucharé desde el cielo, perdonaré su pecado y restauraré su tierra.

2 CRÓNICAS 7:14

Incluso los niños pequeños pueden entender la causa y el efecto. «Si no me porto bien, recibo un castigo. Si digo por favor, me dan una galleta». A menudo, abordamos la oración del mismo modo. «Si yo oro, Él escucha». Pero ¿es así?

Debemos buscar humildemente su rostro y apartarnos de nuestros pecados para que Él nos perdone y nos escuche.

¿Acerca de qué has estado orando últimamente?

Él nunca duerme

Él no permitirá que tropieces;
el que te cuida no se dormirá.

SALMOS 121:3 NTV

¿Cuánto tiempo puedes aguantar sin dormir? La mayoría de nosotros al menos una vez hemos aguantado toda una noche, pero también nos hemos derrumbado y agotado en cuanto eso sucedió. Por muy importante que sea la tarea, por urgente que sea la vigilia, todas finalmente tenemos que descansar algo.

Todas a excepción de Dios. El que te cuida, el que se asegura de que no tropieces cuando escalas la montaña de hoy, nunca deja de cuidarnos. Siempre, noche y día, tiene cuidado de ti.

¿Cómo te hace sentir el pensar que Dios nunca deja de cuidarte?

No hay oscuridad

Este es el mensaje que hemos oído de él y que anunciamos: Dios es luz y en él no hay ninguna oscuridad.

1 JUAN 1:5

En la oscuridad total, instintivamente buscamos la luz. Prendemos nuestros teléfonos, buscamos a tientas un interruptor en la pared, encendemos un fósforo. Con una sola fuente de luz podemos vencer la oscuridad. Podemos encontrar un camino.

Este mismo principio se aplica a nuestro corazón. Dios es pura luz, y con Él podemos vencer cualquier oscuridad que enfrentemos. No hay tentación, ni adicción ni pecado que sea demasiado poderoso para que Dios no lo conquiste.

¿Cómo puedes arrojar luz sobre la oscuridad con la que batallas ahora mismo?

Él te escogió

Tú eres mi Dios, eres todo lo que tengo;
tú llenas mi vida y me das seguridad.
Gracias a ti, la herencia que me tocó
es una tierra muy bella.

SALMOS 16:5-6 TLA

Si eres una seguidora de Cristo, Dios escogió de forma precisa cuándo y cómo invitarte a unirte a su familia. Recibiste la invitación más prestigiosa y deseada de la historia. Él te escogió.

Tal vez sencillamente anhelabas que tu vida tuviera otro sentido y Él te dirigió a una comunidad cristiana. Quizá necesitabas un cambio radical de vida, deshacerte de una adicción o cualquier otro patrón destructivo, y sentiste que Él te sacaba de la oscuridad. Al margen de cómo ocurriera, Él te llamó por tu nombre, y ahora eres suya.

¿Cómo te sientes escogida por Dios?

Tesoro escondido

Entonces les abrió el entendimiento para que comprendieran las Escrituras.

LUCAS 24:45

¿No te resulta asombroso ver una película o leer un libro que recuerdas de tu infancia y ver todo lo que te perdiste en aquel entonces? Del mismo modo que al descubrir un tesoro escondido, nuestras mentes adultas entienden detalles de humor, capas de contexto y subtexto de un modo que no podíamos ver de niñas.

Cuando se trata de nuestra fe y de nuestro entendimiento de las Escrituras, todas somos como niñas. Dios escoge lo que nos muestra y cuándo, para que como ocurrió con esa historia o película favorita de tu infancia, la Biblia pueda parecernos nueva cada vez que acudimos a ella.

¿Qué tesoros has encontrado en la Palabra de Dios últimamente?

Más de ti

A él le toca crecer
y a mí, menguar.
JUAN 3:30

Imagínate que eres famosa. La gente te sigue, te escucha y te respeta genuinamente. Ahora, imagínate dejar todo eso voluntariamente, incluso con alegría. ¿Cómo te sentirías? Para la mayoría, sacrificar esa fama no sería fácil, y tampoco real. La humildad es difícil. También es un requisito para una vida centrada en Cristo.

Juan el Bautista, una de las personas más humildes en la Escritura, dijo las palabras de Juan 3:30. Él sabía que era el momento de que Jesús cumpliera las profecías, lo cual significaba que era el tiempo de enviar a los demás con Jesús, y que dejaran de acercarse a él.

¿Qué agenda y deseos tienes que dejar a un lado por Dios ahora mismo?

Un regalo incomprensible

Cuando la gente trabaja, el salario que recibe no es un regalo sino algo que se ha ganado;
pero la gente no es considerada justa por sus acciones sino por su fe en Dios, quien perdona a los pecadores.

ROMANOS 4:4-5 NTV

Sin importar cuánto amara su trabajo una persona, si su jefe dejara de pagarle, finalmente dejaría de trabajar. Por el contrario, si el empleado dejara de trabajar, el jefe inevitablemente dejaría de darle el salario. En un contrato laboral, ambas partes tienen que honrar su parte para que funcione.

Esto es lo que hace que nuestra relación, nuestro acuerdo mutuo, con Jesús sea asombroso. Su parte del acuerdo fue morir en una cruz para asegurar nuestra salvación. Nuestra parte es creer.

¿De qué modo el regalo de la salvación de Dios es algo que no te puedes ganar?

¿Dónde estás?

Entonces el Señor Dios llamó al hombre:
—¿Dónde estás?

GÉNESIS 3:9 NTV

Cuando los adultos juegan a las escondidas con los niños, por lo general saben exactamente dónde se han escondido los niños. Aun así, fingen para el beneficio de los pequeños. «¿Dónde estará este niño?» dicen en voz alta mientras buscan. El periodo de vida cuando creemos que podemos escondernos a plena vista es corto, y está lleno de descubrimiento.

Cuando Adán y Eva pecaron por primera vez, Dios tomó un papel similar. Él sabía exactamente dónde estaban (y lo que habían hecho), pero aun así preguntó: «¿Dónde están?». Para que ellos comenzaran el proceso de sanidad, primero tenían que comprender, y confesar, dónde estaban.

¿Qué estás intentando esconder de Dios hoy?

Sostenida

«Pues yo te sostengo de tu mano derecha:
yo, el Señor tu Dios. Y te digo:
"No tengas miedo, aquí estoy para ayudarte"».

ISAÍAS 41:13 NTV

Al mirar atrás y recordar las cosas más difíciles y temerosas que hemos hecho, a menudo nos preguntamos de dónde sacamos el valor para hacerlas. ¿Cómo pudimos enfrentar ese diagnóstico, aprobar ese examen, dar ese elogio?

La Escritura nos asegura que nuestra ayuda viene del cielo, de Dios mismo. Él es la voz interior que dice: «Tú puedes superar esto. Eres lo suficientemente fuerte». ¿Esa infusión repentina de fuerza, valor o iniciativa? Eso fue el Señor, apretándote la mano.

¿Cuándo sientes que el Señor te está ayudando?

No fue en vano

No desecho la gracia de Dios.
Si la justicia se obtuviera mediante la Ley,
Cristo habría muerto en vano.

GÁLATAS 2:21

Te has preparado durante semanas. Sesiones extra de estudio, tarjetas y fichas, apuntes. Finalmente, estás preparada. Entras en el salón de clase y ves este mensaje: «Examen cancelado. Todos reciben la máxima calificación». Todo ese esfuerzo y trabajo para nada.

Si creemos que podemos llegar al cielo esforzándonos mucho, estamos diciendo que la brutal muerte de Jesús no sirvió para nada. A menos que aceptemos su regalo de gracia, estamos trabajando innecesariamente, y peor aún, estamos relegando el sacrificio más sublime de Jesús a un mero gesto.

¿Cómo puedes dejar de intentar ganarte un lugar en el cielo?

Eres escogida

Dios decidió de antemano adoptarnos como miembros de su familia al acercarnos a sí mismo por medio de Jesucristo. Eso es precisamente lo que él quería hacer, y le dio gran gusto hacerlo.

EFESIOS 1:5 NTV

Los hijos adoptados nunca tienen que preguntarse si fueron queridos. Crecieron con la certeza de que sus padres los escogieron. Qué bendición.

Como hija de Dios, se te ha concedido ese mismo conocimiento maravilloso. Eres su hija adoptada, escogida especialmente para agradarlo a Él. No para conseguir ninguna gran hazaña, ni para cumplir ningún gran propósito, sino solo porque Él te quiso.

¿Cómo te sientes al considerar que has sido adoptada en la familia de Dios?

Protegida

Con sus plumas te cubrirá
y con sus alas te dará refugio.
Sus fieles promesas son tu armadura y tu protección.

SALMOS 91:4 NTV

Como un águila, Dios nos protege bajo sus alas de tormentas y ataques. La imagen es poderosa, pero también tierna. ¡Qué maravilloso es estar acurrucada, ahí junto a Él, absorbiendo su calidez!

¿Descansas en esta promesa de protección, o te cuesta hacerlo, siempre sacando la cabeza para ver qué peligros te esperan? Tal vez incluso has intentado salir del nido y cuidarte tú misma. Si es así, regresa a su lado. Acepta su protección.

¿De qué cosas necesitas hoy protección?

Lleva el escudo

Además de todo esto, tomen el escudo de la fe,
con el cual pueden apagar
todas las flechas encendidas del maligno.

EFESIOS 6:16

Perder a alguien en un accidente es devastador. Saber que se podía haber evitado hace que el dolor aumente de modo inmensurable. «El cinturón de seguridad le podía haber salvado» son palabras muy difíciles de llevar.

Como parte de la armadura de Dios, el escudo de la fe nos permite apagar las flechas encendidas, pero solo si lo levantamos. Tenemos la responsabilidad de aferrarnos a nuestra fe y llevarla dondequiera que vayamos. Dejarla a un lado, aunque sea por poco tiempo, nos hace vulnerables ante el ataque.

¿Qué armadura tienes que ponerte hoy?

Simplemente di no

Así que sométanse a Dios.
Resistan al diablo y él huirá de ustedes.

SANTIAGO 4:7

Someterse a Dios; resistir al diablo. Parece simple; entonces ¿por qué la cultura, y nuestra propia vida, a menudo nos dicen lo contrario? ¿Cuántas veces cedemos a la tentación y nos resistimos a Aquel que nos está llevando hacia nuestra mejor vida?

Hasta que rindamos nuestra vida al que solo quiere lo bueno para nosotros, solo paz y luz, estaremos sometidas al que quiere destruirnos. Él huirá, corriendo de miedo, pero solo si permanecemos con Dios y le decimos «no».

¿Cómo puedes someter otra vez tu vida a Dios hoy?

Vive en paz

Si es posible, y en cuanto dependa de ustedes, vivan en paz con todos.

ROMANOS 12:18

¿Cómo te impacta este versículo? Por un lado, podrías pensar: «¡Claro! Él no conoce a las personas que me rodean». Por otro lado, este podría ser uno de los mandatos más fáciles de la Escritura. Tú te llevas bien con todo el mundo.

La mayoría de nosotras nos encontramos en algún lugar intermedio. Nos llevamos bien con casi todos, menos con esa compañera de trabajo. Y ese niño temperamental. Y…¿vivir en paz con todos? No podemos controlar a las demás personas, pero con la ayuda de Cristo podemos controlar la respuesta que les demos.

¿Qué respuestas tienes que controlar mejor a través de Cristo?

Paz y reposo

La justicia hará posible la paz;
la justicia redundará en reposo
y seguridad para siempre.

ISAÍAS 32:17 RVC

Paz y reposo. Solo decir esas dos palabras juntas pueden aportar consuelo. También pueden producir desesperación, si nos parecen inalcanzables. ¿Cómo podemos hacerlas nuestras?

Mediante la justicia vienen la paz, el reposo y la seguridad. Para siempre. Es una gran palabra, justicia, y tal vez te hayas alejado de ella. Si es así, acércate. La justicia no es un ideal inalcanzable de perfección o superioridad. Significa poner a Dios primero, y vivir de tal modo que lo honremos. A cambio de tu honor, Él te ofrece la paz y el reposo que anhelas.

¿Cómo te imaginas vivir una vida de justicia?

Preguntas

Así como no sabes por dónde va el viento
ni cómo se forma el niño en el vientre de la madre,
tampoco entiendes la obra de Dios,
el Creador de todas las cosas.

ECLESIASTÉS 11:5

«¿Por qué?» Trae a tu mente a un niño que acaba de entender el significado y el poder de esta maravillosa palabrita. Una y otra vez, a todo lo que escuchan, responden: «¿Por qué?».

A medida que crecemos, aprendemos a dejar de preguntar por qué tantas veces, pero por dentro, en nuestra mente, seguimos teniendo el potente deseo de saber. Tiene que ver con nuestra naturaleza humana. Sin embargo, cuando se trata de la mente de Dios, no podemos satisfacer este deseo. Su mente, sus caminos, no podemos conocerlos. Aceptar e incluso abrazar esta verdad es una señal de crecimiento espiritual.

¿Qué preguntas le estás haciendo hoy a Dios?
¿Puedes ver su soberanía?

Un café con Dios

Me levanto temprano, antes de que salga el sol; clamo en busca de ayuda y pongo mi esperanza en tus palabras.

SALMOS 119:147 NTV

¿Cómo son tus mañanas? ¿Te levantas antes de lo necesario para comenzar tu día, o tu mejor amigo es el botón del despertador que te dejar dormir un poco más? Si estás en el primer grupo, ¿comienzas tu día con Dios?

En numerosas ocasiones en la Escritura se nos anima a ser personas matutinas. Para algunos, este consejo ni siquiera es necesario; para otros, parece estar fuera de su alcance. «Simplemente no estoy programada de esa manera», decimos. Tal vez, si esto nos describe, sea necesario un cambio en la programación. Si supieras que tienes una cita para tomar café con el Padre, ¿acaso necesitarías una alarma?

¿Cómo puedes asegurarte de pasar tiempo con Dios cada día?

Adoración vivaz

Pues Dios es Espíritu, por eso todos los que lo adoran deben hacerlo en espíritu y en verdad.

JUAN 4:24 NTV

¿Cómo definimos «espíritu»? A un caballo enérgico y difícil de domar se le considera vivaz. Un atleta que supera grandes pruebas se dice que tiene un espíritu indomable. En ambos ejemplos, lo que se describe es algo que transciende al cuerpo. Y ocurre lo mismo con el Espíritu de Dios.

Podemos pensar que es a quien menos conocemos, pero considera lo siguiente: Dios el Padre y su Hijo Jesús están en el cielo. Es el Espíritu Santo quien interviene en nuestra vida, enseñándonos, consolándonos y protegiéndonos. Es el Espíritu el que actúa como nuestro compañero más cercano, y se merece totalmente nuestra adoración.

¿Cómo sientes que Dios está influenciando y guiando el curso de tu vida?

Amor real

Fuera de ti, desde tiempos antiguos
nadie ha escuchado ni percibido,
ni ojo alguno ha visto, a un Dios que como tú
actúe en favor de quienes en él esperan.

ISAÍAS 64:4

Autenticidad. Es importante, ¿verdad? Nos preguntamos si la joya, el bolso o la promesa es real. Todas hemos escuchado la expresión: «Si es demasiado bueno para ser cierto, probablemente no lo sea», así que examinamos a la gente y las posesiones que tenemos, buscando la autenticidad.

Qué gran consuelo podemos tener en nuestro Dios: ¡el único Dios verdadero! Todas sus promesas son verdad; todos sus regalos son buenos. Su amor es auténtico, y podemos reclamarlo como nuestro.

¿Cómo puedes ser auténtica en tu amor por Dios?

Necias

«Los ojos del Señor recorren toda la tierra
para fortalecer a los que tienen el corazón
totalmente comprometido con él.
¡Qué necio has sido!
¡De ahora en adelante estarás en guerra!».

2 CRÓNICAS 16:9 NTV

Metiste la pata. Estas tres palabras tienen un peso que ninguna deseamos llevar, pero en algún momento de nuestra vida tenemos que hacerlo. Que las acciones tienen consecuencias es una verdad dura y dolorosa. Quizá la estás viviendo ahora mismo.

Anímate. Sí, enfrentarás muchas pruebas, pero gracias a la obra de Jesús en la cruz, nunca tendrás que enfrentarlas tú sola.

¿Dónde buscas aprobación y satisfacción?

Cuenta tu historia

¿Los ha rescatado el Señor? ¡Entonces, hablen con libertad! Cuenten a otros que él los ha rescatado de sus enemigos.

SALMOS 107:2 NTV

¿Cuál es tu historia? Tanto si es tan compleja que a duras penas sabrías por dónde empezar, como si crees que es demasiado insignificante como para contarla, te aseguro que es importante.

Desde el comienzo, Dios te tenía en mente. Él te planeó hasta en el más mínimo detalle. Te ha amado eternamente. La manera en que descubriste esta bella vedad, o la forma en que se está desplegando actualmente, tiene mucha importancia. Comienza contándotela a ti misma, y prepárate para compartirla cuando llegue el momento.

¿Cuál es tu historia?

Prepotencia

Así que humíllense ante el gran poder de Dios y, a su debido tiempo, él los levantará con honor.

1 PEDRO 5:6 NTV

Atascos de tráfico. Filas en el supermercado los sábados en la mañana. La oficina de licencias de conducir y vehículos. ¿Acabas de escuchar date prisa? A menos que tengas un buen libro que leer, o nacieras con la proverbial «paciencia de un santo», la espera es, como poco, un inconveniente.

¿Alguna vez te detuviste a pensar por qué? Reflexionar sobre la paciencia conduce a explorar otro concepto incómodo: la humildad. Somos impacientes, pero ¿por qué? ¿Acaso nuestro tiempo es más importante que el de los demás? Para Dios, la respuesta es inequívocamente: «no».

¿Cómo puedes ser más paciente?

Escrito en piedra

Sin embargo, la verdad de Dios se mantiene firme como una piedra de cimiento con la siguiente inscripción: «El Señor conoce a los que son suyos», y «Todos los que pertenecen al Señor deben apartarse de la maldad».

2 TIMOTEO 2:19 NTV

Entre los amigos, las reglas evolucionan. Hay políticas flexibles: «La noche del lunes es la Noche de Chicas», y hay códigos inquebrantables de amistad: «Si no se lo dirías en su cara, no lo digas». Esa regla, decimos, está escrita en piedra.

En su segunda carta a Timoteo, Pablo comparte una verdad importante en dos partes: primero, el Señor te conoce como propia. Segundo, aquellos que son suyos deben apartarse del pecado. Esto, aprendemos, es lo suficientemente importante como para ser escrito en piedra.

¿Cómo tienes éxito en apartarte del pecado?

Rendición

«¡Sé valiente! Luchemos con valor
por nuestro pueblo y por las ciudades de nuestro Dios,
y que se haga la voluntad del Señor».

1 CRÓNICAS 19:13 NTV

¿Cuántas veces luchas con Dios por el control de tu vida, pidiéndole ciertos resultados, queriendo que las cosas salgan a tu manera? ¿Te resulta fácil rendirte a su plan o es un desafío constante?

En las palabras de Joab a su ejército, encontramos un ejemplo perfecto de una vida rendida: sé fuerte con aquellos a los que servimos; sé valiente para el reino de Dios, y que se haga la voluntad del Señor. Nada para sí mismo, todo para el Maestro. ¡Oh, que podamos lograr esa confianza y devoción!

¿Qué necesitas dejar a Dios que controle hoy?

Abril

Espera con paciencia al Señor;
sé valiente y esforzado;
sí, espera al Señor con paciencia.

Salmos 27:14 NTV

Loca por ti

El mensaje de la cruz es una locura
para los que se pierden;
en cambio, para los que se salvan,
es decir, para nosotros, este mensaje es el poder de Dios.

1 CORINTIOS 1:18

Tal vez hemos caído en algunas bromas a lo largo de nuestra vida o hemos sido objeto del chiste de alguien. Todas hemos tenido momentos en los que nuestra fe ha sido ridiculizada. En esos momentos, es bueno recordar que la sabiduría humana no es nada comparada con la sabiduría de Dios.

La verdadera sabiduría es creer en Jesucristo y aceptar su salvación en tu vida. Esto puede parecer una locura para el mundo, pero para ti es el acceso al poder de Dios. ¡Eres sabia por haber elegido ser una loca por Jesús!

¿Cómo explicas tu fe?

Soy hallada

«Alégrense conmigo;
ya encontré la oveja que se me había perdido»

LUCAS 15:6

¡Cuán agradable es encontrar algo que pensábamos que habíamos perdido! Nos alegramos en las pequeñas victorias de encontrar una receta perdida, unas lentes de sol, ¡o incluso ese calcetín desparejado! Hay algo en nuestra naturaleza que nos dice que la pérdida es algo que lamentar, ¡y que debemos celebrar los descubrimientos!

La parábola de la oveja perdida deja muy claro que Jesús celebra cada vida que es hallada en Él. Los cielos celebran tu salvación, y aunque eres una de muchas, Jesús se ha esforzado para encontrarte. Así es su amor por los que son suyos.

¿Cómo puedes estar segura de que eres importante para Dios?

Eliminados

Yo, y nadie más, soy el que borra tus rebeliones,
porque así soy yo,
y no volveré a acordarme de tus pecados.

ISAÍAS 43:25 RVC

Nosotras no somos distintas a los israelitas, que se alejaban de los caminos de Dios una y otra vez. Aun así, Dios fue misericordioso con su pueblo amado; su amor era suficiente para perdonar sus pecados. Él no solo los cubría, sino que también los eliminaba por completo.

Qué increíble saber que Dios elimina nuestros pecados y no se acuerda más de ellos. Tú has sido perdonada y seguirás siendo perdonada porque, en su amor, Dios siempre te mostrará misericordia. Que tu corazón esté libre de la condenación y camine confiado en su gracia.

¿Cómo puedes olvidarte de tus pecados?

Ciudadanas del cielo

Pero nuestra ciudadanía está en los cielos, de donde también esperamos al Salvador, al Señor Jesucristo.

FILIPENSES 3:20 RVC

Qué bueno es acordarse del hogar cuando estamos lejos de él. En ocasiones, una voz familiar, un olor o una imagen es suficiente para despertar un anhelo de regresar donde pertenecemos. Pablo recuerda a los creyentes que pertenecemos al cielo, un lugar para el que verdaderamente fuimos creadas.

La eternidad está en nuestros corazones, ¡porque fuimos hechas para la gloria de Jesús! El cielo es nuestro hogar. A veces no anhelamos el cielo, porque estamos demasiado enfocadas en nuestro hogar terrenal. Podemos recordarnos hoy que somos ciudadanas del cielo y algún día estaremos donde verdaderamente pertenecemos.

¿Qué es lo que más te emociona de la eternidad?

Un corazón compasivo

Cuando Jesús salió de la barca y vio a tanta gente,
tuvo compasión de ellos,
porque parecían ovejas sin pastor.

MARCOS 6:34 RVC

Cuando Jesús veía a las multitudes, no solo los veía como una multitud molesta, sino como personas con necesidades. Como ovejas sin un pastor, las personas están perdidas y necesitan nuestra ayuda. A veces las necesidades son obvias, como ayudar con un recién nacido o dar comida a los hambrientos. Otras necesidades son más profundas, como la necesidad de tener una amiga o de ser sanada de un dolor emocional.

¡Jesús tiene compasión! Como conocemos a este Jesús amoroso, podemos tener compasión de otras personas. Él es capaz de proveer para tus necesidades, y te dará la fuerza para ayudar a otros.

¿Cómo puedes mostrar compasión a otros hoy?

Canta

¡Cantemos salmos a nuestro Dios!
¡Cantemos salmos a nuestro Rey!
¡Cantémosle un salmo digno de él,
porque Dios es el Rey de toda la tierra!

SALMOS 47:6-7 RVC

Puede que no todas tengamos la voz de un ángel, pero todas podemos cantar, al margen de si nos suena bien o mal. Dios te creó con una voz y con labios que pueden alabarlo a Él por todas las cosas buenas que ha hecho. Él es el rey de la tierra y el rey de nuestro corazón. Él se deleitará en tu canto de alabanza, ¡incluso aunque Él sea el único que lo aprecie!

Por lo tanto, canta alabanzas a Dios. Canta, porque entiendes su bondad. Canta, porque entiendes su gracia. Canta, ¡porque Él es digno!

¿Cuáles son algunos de tus cantos de alabanza favoritos?

Poderosas promesas

Ante la promesa de Dios no dudó como un incrédulo, sino que se reafirmó en su fe y dio gloria a Dios, plenamente convencido de que Dios tenía poder para cumplir lo que había prometido.

ROMANOS 4:20-21

Abraham y Sara eran ancianos cuando Dios les dijo que les daría un hijo. Tenían buenas razones para no creerlo, ya que era algo absurdo en lo natural. ¡Sara incluso se rio! Pero Abraham dejó que su creencia descansara en el poder de Dios.

¡Servimos a un Dios que es más que capaz de llevar a cabo sus promesas! Abraham fue dado como un ejemplo, porque miró más allá de las circunstancias para lograr ver la grandeza de Dios. Cuando tengas una revelación del poder de Dios, tu fe se fortalecerá y tendrás confianza en las promesas de Dios para ti, y para este mundo.

¿Cómo te ha revelado Dios su grandeza?

Belleza eterna

La belleza es engañosa, y hueca la hermosura, pero la mujer que teme al Señor será alabada.

PROVERBIOS 31:30 RVC

En algún momento de nuestra vida lucharemos con los celos de las personas que tienen mejor aspecto que nosotras, o con el hecho de que nuestra belleza exterior es pasajera. El hecho es que la belleza puede consumir gran parte de nuestro tiempo.

La Biblia, sin embargo, honra a aquellas cuyo corazón es para Dios. Recuerda esto cuando te lamentes por tu apariencia externa. Eres alabada por tener un corazón para Dios y porque tu servicio para Él es hermoso. Su gracia ha producido una belleza en ti que nunca desaparecerá.

¿Qué es para ti la belleza?

Restaurada

El Señor abre los ojos de los ciegos.
El Señor levanta a los agobiados.
El Señor ama a los justos.

SALMOS 146:8 NTV

A nuestro Dios le encanta restaurar la vida de su creación. Cuando Jesús vino a la tierra, sanó muchas necesidades físicas. Mayor que la sanidad física, Jesús vino para restaurar nuestro quebranto espiritual. Él abrió los ojos a la verdad, ministró a los pobres de espíritu, y restauró la justicia a los creyentes.

Cuán bendecida eres. Él ha abierto tus ojos, siempre te levantará en tiempos de angustia, y te ama porque has escogido el camino de la justicia. Deja que el Dios de todo ánimo y restauración sea hoy tu fuerza.

¿Qué necesita ser restaurado hoy en tu vida?

Sé enseñable

Instruye al sabio, y se hará más sabio;
enseña al justo, y aumentará su saber.

PROVERBIOS 9:9

El escritor de estas palabras sabía que una persona sabia no es solo alguien que tiene mucho conocimiento. La persona sabia escucha la instrucción; sigue buscando consejos sabios. Del mismo modo, la persona justa quiere añadir a la verdad que ya conoce.

¿Tienes el corazón abierto para recibir la instrucción? ¿Quieres añadir a tu conocimiento la verdad de la Palabra de Dios? Dios se deleita en tu búsqueda de Él, y te instruirá y enseñará para que seas todavía más sabia.

¿Cuándo ha estado tu corazón más dispuesto a recibir la instrucción de Dios?

Semillas de paz

Y los que procuran la paz sembrarán semillas de paz
y recogerán una cosecha de justicia.

SANTIAGO 3:18 NTV

Los caminos de paz dan a luz la justicia. Hay momentos en los que el conflicto no se puede evitar, pero asumir el papel de pacificadora a menudo es mucho mejor que salirte con la tuya. Ser una pacificadora requiere humildad y el deseo del bien mayor.

Uno de los muchos nombres de Jesús es el Príncipe de Paz. Él es nuestro mejor ejemplo de lo que significa sembrar la paz y hacer la paz. Él vive en ti, y al depender de Él experimentarás paz en momentos de problemas y conflictos.

¿Cómo puedes convertirte en una pacificadora para que el fruto que des en tu vida sea un fruto de justicia?

Una creación muy buena

Y vio Dios todo lo que había hecho,
y todo ello era bueno en gran manera.

GÉNESIS 1:31 RVC

Al sexto día, después de crear todas las demás cosas, Dios creó al hombre y a la mujer. Nos creó a su imagen. Ese día declaró que su creación era muy buena. Qué bueno es saber que la creación de Dios fue intencionalmente buena. No cometió errores ni tuvo fallas; nos creó según su plan perfecto.

La próxima vez que te encuentres desesperada por todo lo que va mal en este mundo, regresa al principio. Él creó buenas todas las cosas. Sí, el pecado nos ha alejado mucho de su bondad, pero el plan de Dios aún no ha terminado; Él viene a restaurar su creación, ¡y volverá a ser todo muy bueno!

¿Qué de la creación de Dios te parece muy bueno?

No más dolor

Él les secará toda lágrima de los ojos,
y no habrá más muerte
ni tristeza ni llanto ni dolor.
Todas esas cosas ya no existirán más.

APOCALIPSIS 21:4 NTV

Se nos promete un tiempo en el que no habrá más dolor. Esta vida está llena de dificultades, ¡pero podemos vivir con la esperanza de que llegará un día en el que reinará el gozo supremo!

Esta esperanza es la que nos sostiene en los tiempos difíciles, cuando confiamos en que Dios sigue siendo bueno y que aún tiene buenos planes para nosotras ahora y en el futuro. Gózate en la vida eterna, ¡porque no se termina aquí!

¿Qué necesidades físicas, emocionales o espirituales son más acuciantes en tu vida ahora mismo?

Corazón valiente

«Mi mandato es:
"¡Sé fuerte y valiente!
No tengas miedo ni te desanimes,
porque el Señor tu Dios está contigo
dondequiera que vayas"».

JOSUÉ 1:9 NTV

Josué tenía una gran tarea por delante: liderar a toda la nación de Israel hasta la Tierra Prometida. Esto requería derrotar a una gran oposición. Dios reafirmó a Josué muchas veces con estas palabras: «Sé fuerte y valiente». Cuando Dios llama a su pueblo a hacer su voluntad, lo empodera con la capacidad de hacerlo.

Eres llamada por Dios y capaz de hacer su obra, porque Él está contigo dondequiera que vayas. No se espera que camines en tu propia fuerza. Por eso Dios nos dice que tengamos valor. Nuestro Dios es un Dios poderoso y podemos hacer todas las cosas a través de Él.

¿Para qué necesitas hoy valor?

Simples mortales

Confío en Dios y alabo su palabra;
confío en Dios y no siento miedo.
¿Qué puede hacerme un simple mortal?

SALMOS 56:4

«En Dios confiamos». Esto está impreso aún en los billetes de los Estados Unidos a pesar de que muchas personas no confían ni creen verdaderamente en Dios. Como cristianas, también afirmamos confiar en Dios. ¿Es esto un lema escrito en el billete de tu corazón, algo a lo que te puedes aferrar en esos momentos en los que parece que todo va en contra tuya?

No siempre somos libradas del daño o el dolor, pero Dios siempre está presente y promete cuidar de nosotras. Es importante recordar que, al margen de lo que enfrentemos, ningún «simple mortal» podrá nunca llevarse nuestro destino eterno en Jesús.

¿Cómo pones tu confianza plenamente en Dios?

Practica la paz

No dejen de poner en práctica todo lo que aprendieron y recibieron de mí, todo lo que oyeron de mis labios y vieron que hice. Entonces el Dios de paz estará con ustedes.

FILIPENSES 4:9 NTV

Pablo fue escogido por Dios para llevar las buenas nuevas de Jesucristo a todo el que estuviera dispuesto a recibirlas. Sus mensajes a los creyentes los guiaban a la verdad sobre Jesús y cómo vivir una vida justa.

Hemos sido bendecidas de tener toda esta verdad a nuestra disposición mediante la Biblia, pero tenemos que ser más que buenas lectoras u oidoras. Se nos anima a seguir practicando las cosas que hemos aprendido en la Palabra de Dios. Cuando ponemos la verdad en acción, se nos recompensa con el conocimiento de la presencia de Dios cerca de nosotras.

¿Cómo puedes practicar hoy la paz?

Hermanos de la iglesia

Y él nos ha dado este mandamiento:
el que ama a Dios, ame también a su hermano.

1 JUAN 4:21

¡Los familiares pueden llegar a ser algunas de las personas más difíciles con las que convivir! Del mismo modo, no siempre es fácil mostrar amor a las personas de nuestra iglesia o comunidad de creyentes.

No podemos separar nuestro amor a Dios del amor a los demás. Cuando amamos a Dios obedecemos sus mandamientos, y Él desea que tengamos una buena relación con los demás. Anímate sabiendo que has recibido una gran familia de hermanos y hermanas en Cristo, y están ahí para amarte si tú escoges amarlos a ellos.

¿Cómo puedes mostrar amor a tu comunidad de creyentes?

Lleno de estrellas

¡Solo tú eres el Señor! Tú has hecho los cielos,
los cielos de los cielos y todo lo que hay en ellos.
Tú hiciste la tierra y el mar con todo lo que en ellos hay.
Tú das vida a todo lo creado.
¡Por eso te adora todo lo que hay en los cielos!

NEHEMÍAS 9:6

Ya es asombroso saber que el Señor creó la tierra y todo lo que hay en ella, desde la brizna de hierba hasta las complejidades de la concepción. Incluso más asombroso es que Él creó los cielos, el universo y todo lo desconocido. Hay cosas creadas que no llegaremos a ver o entender mientras estemos limitadas por nuestros cuerpos y conocimiento terrenales.

Dios dio vida a todo lo que creó. No solo adoramos a Dios en esta tierra. Toda la creación le adora. ¡Servimos a un Dios asombroso! Él es digno de nuestra alabanza.

¿Cómo muestra la creación a Dios?

A tu favor

Por eso también puede salvar por completo
a los que por medio de él se acercan a Dios,
ya que vive siempre para interceder por ellos.

HEBREOS 7:25

Cuando Jesús murió en la cruz y resucitó, no solo llevó el castigo de nuestros pecados, sino que también se convirtió en el camino mediante el que podemos acercarnos a Dios con confianza. Él nos santificó.

Es solo a través de Jesús que somos salvas, y la Biblia dice que Él siempre intercede por nosotras: pasado, presente y futuro. Qué alentador es saber que tenemos a alguien que está a nuestro lado para declararnos santas y justas.

¿Por qué cosas quieres que Jesús interceda en tu vida?

Deuda de amor

No tengan deudas pendientes con nadie
a no ser la de amarse unos a otros.
De hecho, quien ama al prójimo ha cumplido la Ley.

ROMANOS 13:8

Cuando llega una factura al correo, nos recuerda que debemos dinero por algo que hemos recibido. Si lo dejamos demasiado tiempo, puede causar ansiedad e incluso resentimiento en ambas partes. Esta es una razón por la que la Escritura nos recuerda que no debamos nada a nadie.

Sin embargo, la Biblia nos enseña que tratemos el amor como una deuda, en el sentido de que deberíamos continuamente obligarnos a amarnos unos a otros y a dar amor incluso aunque no sea algo merecido. Este es el amor extremo que Dios nos ha mostrado. Que su amor eterno e incondicional por ti sea la carta recordatoria que necesitas para provocarte a amar a otros del mismo modo.

¿De qué maneras te sigue asombrando el amor de Jesús?

Sus riquezas

Y este mismo Dios quien me cuida
suplirá todo lo que necesiten, de las gloriosas riquezas
que nos ha dado por medio de Cristo Jesús.

FILIPENSES 4:19 NTV

Las riquezas del Señor se encuentran en su bondad, su gracia y su soberanía como rey sobre todo. Dios siempre es capaz de proveer para todas nuestras necesidades. A veces puede que sintamos que no somos dignas de recibir del Señor. En ocasiones, nos cuesta trabajo confiar y nos preocupamos por nuestras necesidades.

La buena noticia de Jesucristo es que nos ha dado acceso al trono de Dios. Eres hija del Rey, y Él te ofrece sus riquezas. Lo único que tienes que hacer es amarlo, pedirle y confiar en su bondad. Su promesa es que cuidará de ti.

¿Qué necesitas en este momento?
¿Puedes confiar en que Dios proveerá para ti?

Vías acuáticas

En cambio, quiero ver una tremenda inundación de justicia y un río inagotable de rectitud.

AMÓS 5:24 NTV

Todas tenemos un sentimiento de necesitar que las cosas sean justas, por eso hay árbitros en las competencias deportivas, filas en la tienda, y un juez en una sala de juicios. Cuando vemos o experimentamos la injusticia, anhelamos que se haga justicia.

Sabemos que Dios es justo y que también se angustia con la injusticia. Qué bendición es para Él cuando su pueblo hace lo que es justo, cuando tratamos bien a las personas y hacemos el bien continuamente. Anímate sabiendo que, al perseguir la justicia, su bondad hacia ti será un río refrescante que nunca se secará.

¿De qué modo es Dios tu árbitro?

Continúa en Cristo

Por eso, de la manera que recibieron a Cristo Jesús como Señor, vivan ahora en él, arraigados y edificados en él, confirmados en la fe como se les enseñó y llenos de gratitud.

COLOSENSES 2:6-7

Recibir a Cristo provoca una transformación maravillosa, pero hay una plenitud en la vida cristiana que va más allá de la salvación. La Escritura dice que continuamos nuestra vida en Él. Esto significa que cada día tenemos la oportunidad de crecer en nuestra relación con Dios.

A medida que desarrollamos nuestra relación con Cristo, experimentamos una profunda seguridad de nuestra fe y somos empoderadas para vivir una vida plena. Es fácil estar agradecida por todo lo bueno que Jesús está haciendo en tu vida mientras vas de fuerza en fuerza.

¿Qué has estado aprendiendo mediante las santas Escrituras de Dios?

Apoyo

Confía en el Señor de todo corazón,
y no te apoyes en tu propia prudencia.

PROVERBIOS 3:5 RVC

Cuando enfrentamos situaciones difíciles, particularmente cuando estamos tomando grandes decisiones, a menudo intentamos descubrir las cosas por nosotras mismas. Cuando eso no funciona, comenzamos a orar. No hay nada malo en eso, pero ¿no sería mejor si lo pusiéramos delante de Dios desde el principio?

Dios nos conoce íntimamente, y conoce las situaciones de nuestra vida. Cuando nos apoyamos en Dios en tiempos de necesidad, la carga de intentar entender las cosas con nuestra propia mente puede cambiar a confiar en nuestro corazón que Dios se encargará de ello.

¿En qué decisiones tienes que confiar en Dios ahora mismo?

Andar en sus obras

Porque somos hechura suya,
creados en Cristo Jesús para buenas obras,
las cuales Dios preparó de antemano
para que anduviésemos en ellas.

EFESIOS 2:10 RVR-60

Dios siempre ha tenido un plan para tu vida. Él te creó, te diseñó y te hizo existir. Te ha dado talentos, te ha cuidado y ha desarrollado en ti un carácter a medida que has madurado. ¡Eres su maravillosa obra maestra!

Dios sabía desde el principio cómo diseñarte de manera única para capacitarte para hacer buenas obras. Lo mejor de todo es que te creó en Cristo Jesús, cuya redención y sanidad en la cruz te otorgaron toda la gracia que necesitas para andar en sus caminos.

¿Qué es para ti caminar en gracia?

Satisfecha

Tu gran amor es mejor que la vida;
por eso mis labios te alabarán.
Te bendeciré mientras viva y alzando mis manos te invocaré.
Mi alma quedará satisfecha como de un suculento banquete,
y con labios jubilosos te alabará mi boca.

SALMOS 63:3-5

Hay momentos en nuestra vida en los que realmente necesitamos respuestas o un avance, y a veces solo queremos ser bendecidas. Nuestro Padre amoroso dice que sencillamente pidamos.

Dios quiere darnos cosas buenas. Tal vez no quieras pedir cosas porque sientes que son demasiadas, o demasiado específicas. Sin embargo, Dios es capaz de manejar nuestras peticiones; no nos dará cosas que nos hagan daño o que podamos usar para una ganancia propia egoísta. Él sabe lo que es mejor para nosotras. Su amor es mejor que la vida misma, y sabe exactamente cómo satisfacernos.

¿Puedes definir la diferencia entre lo que quieres y lo que necesitas?

Palabras del Espíritu Santo

«Cuando sean sometidos a juicio en las sinagogas
y delante de gobernantes y autoridades,
no se preocupen por cómo defenderse o qué decir,
porque el Espíritu Santo les enseñará en ese momento
lo que hay que decir».

LUCAS 12:11-12 NTV

Defender nuestra fe siempre ha sido un reto. Quizá no seamos llevadas a una sala de juicio por nuestras creencias como les ocurrió a algunos en los tiempos del apóstol Pablo, pero podemos esperar tener oposición y confrontaciones a causa de nuestra fe.

El Espíritu Santo nos fue dado como un ayudador. Él nos llena y nos recuerda las palabras de Jesús. Él nos hace recordar versículos. En los momentos en los que tienes que defender el evangelio de Jesucristo, ten confianza en que el Espíritu Santo te dará las palabras adecuadas.

¿Qué puedes decir cuando sientes que te desafían a compartir o a defender tu fe?

De oriente a occidente

Si fuera al oriente donde nace el sol, allí estarías;
o al occidente, al fin de los mares, allí estarías.
Aun allí me tomarías de la mano y me conducirías;
tú fuerte mano derecha me ayudaría.

SALMOS 139:9-10 PDT

Mudarte de un lugar puede ser desconcertante. Una nueva circunstancia, una nueva casa o incluso un nuevo país significa que tenemos que dejar la comodidad y adentrarnos en lo desconocido.

Anímate sabiendo que, vayas donde vayas, el Señor siempre irá contigo. Él está tan lejos como el oriente, y tan lejos como el occidente. Él te guiará mientras te mudas, y te sostendrá cuando llegues allí.

¿Te resulta difícil creer que Dios está contigo dondequiera que vayas? ¿Por qué sí o por qué no?

La tarea

Pero mi vida no vale nada para mí a menos que la use para terminar la tarea que me asignó el Señor Jesús, la tarea de contarles a otros la Buena Noticia acerca de la maravillosa gracia de Dios.

HECHOS 20:24 NTV

Después de todo, no habrá nada más importante en nuestras vidas que las buenas noticias de Jesús. Él vino a la tierra para revelar la naturaleza de Dios. Sacrificó su vida para salvarnos de nuestro pecado. Venció a la muerte de una vez por todas. Nos dio una vida de gracia para que pudiéramos caminar en libertad. ¡Tenemos muchas buenas noticias que compartir!

La alegría de conocer buenas noticias radica en poder compartirlas. En lugar de pasar tu vida tratando de entender exactamente lo que se supone que debes hacer, recuerda la tarea que Jesús te ha dado: hablar a otros sobre su gracia. ¡Esta es una tarea que vale la pena terminar!

¿Qué es lo más importante en esta vida?

Restauración completa

Que todo lo que soy alabe al Señor;
que nunca olvide todas las cosas buenas que hace por mí.
Él perdona todos mis pecados y sana todas mis enfermedades.

SALMOS 103:2-3 NTV

Nuestro Dios es un Dios de restauración. Él nos muestra su bondad, mediante su amor, en que se interesa por todo nuestro ser. Dios no solo quiere restaurar una relación correcta contigo, sino que también quiere restaurar la salud de tu cuerpo.

Cuando somos débiles espiritualmente o físicamente, a veces puede que se nos olviden las promesas de Dios. En esos momentos, piensa en su carácter; recuerda que Él es un Padre amoroso que quiere lo mejor para ti. Alábalo con todo tu corazón, con toda tu alma y con toda tu mente, y observa cómo Él restaura las áreas de tu vida que más lo necesitan.

¿De qué bondad de Dios te acuerdas hoy?

«Y ahora, oh Señor, escucha sus amenazas
y danos a nosotros, tus siervos, mucho valor
al predicar tu palabra.
Extiende tu mano con poder sanador; que se
hagan señales milagrosas y maravillas por medio
del nombre de tu santo siervo Jesús».

Hechos 4:29-30 NTV

Equipadas para la batalla

Pónganse toda la armadura de Dios
para que puedan hacer frente a las artimañas del diablo.

EFESIOS 6:11

A veces, es difícil reconocer que estamos en una batalla espiritual y que hay oposición a las buenas obras de Dios. El diablo tiene tus tácticas, pero Dios nos ha provisto de todo lo necesario para prepararnos contra esas artimañas.

Tenemos la verdad en la persona de Jesucristo. Se nos ha concedido salvación y justicia mediante su gracia. Tenemos paz en la confianza de nuestro destino eterno. La Palabra de Dios produce vida. Esta es la armadura con la que puedes equiparte diariamente para poder estar firme en tu fe. ¡Fortalécete!

¿Qué dificultades puedes enfrentar con la verdad, la justicia y la paz de Dios?

La oración cuenta

Oren en el Espíritu en todo momento,
con peticiones y ruegos.

EFESIOS 6:18

Muchas veces somos demasiado analíticas con nuestras oraciones. Pensamos que tenemos que hacer que suenen adornadas o humildes. Podemos tratar la oración como el dinero: no queremos gastarlo en las cosas incorrectas. Puede que no seamos capaces de confiar en nuestras intenciones cuando oramos, pero Dios ve nuestro corazón.

El Señor quiere que hables con Él en toda ocasión y con todo tipo de oraciones. A veces nuestra oración es un clamor rápido pidiendo ayuda, ¡y otras veces es una sesión de adoración de una hora! Al margen de qué tipo de oración sea, Jesús siempre estará presente para oírte.

¿Cómo sueles conectar más a menudo con Dios?

Perseguida por la gracia

Ciertamente el bien y la misericordia me seguirán todos los días de mi vida, Y en la casa de Jehová moraré por largos días.

SALMOS 23:6 RVR-60

Dejamos huellas al caminar por el viaje de la vida. Algunas de estas huellas se quedan al caminar por el polvo y hay que limpiarlas, porque no pertenecen al camino de justicia.

Dios quiere dirigirte en la dirección correcta. Al vivir en sus caminos te seguirá la bondad, y su misericordia limpiará esas huellas que han ido en la dirección incorrecta. Su gracia te seguirá toda tu vida. ¡Es por su gracia que morarás en la casa del Señor por largos días!

¿Qué tipo de huellas está dejando el viaje de tu vida?

Guía espiritual

Ya que vivimos por el Espíritu, sigamos la guía del Espíritu en cada aspecto de nuestra vida.

GÁLATAS 5:25 NTV

Vivir por el Espíritu significa que morimos continuamente a los deseos pecaminosos de nuestra naturaleza caída. Cuando rendimos nuestra naturaleza pecaminosa a la cruz, producimos un fruto que es prueba de que el Espíritu está obrando en nuestro interior. Vemos amor, gozo, paz, paciencia, benignidad, bondad, fe, mansedumbre y templanza.

No solo podemos ver estos frutos cuando vivimos por el Espíritu, sino que también podemos usarlos para que nos guíen en el camino correcto. Tú también llevarás vida a tus situaciones y relaciones cuando le das preferencia al camino del Espíritu.

¿Qué prueba hay de que el fruto del Espíritu está obrando en tu vida?

La clave para el éxito

Hijo mío, nunca olvides las cosas que te he enseñado;
guarda mis mandatos en tu corazón.
Si así lo haces, vivirás muchos años, y tu vida
te dará satisfacción.

PROVERBIOS 3:1-2 NTV

En la actualidad se asocia el éxito a las riquezas y el estatus social. A menudo, las personas de éxito también tuvieron una ventaja académica, habiendo tenido acceso a buenos maestros y estrategias exitosas para aprender bien.

Del mismo modo, podemos seguir a Dios con éxito mediante la sabiduría y enseñanza divinas. Las enseñanzas de Jesús son profundas y dan vida. Tenemos la ventaja de que la sabiduría de Dios y sus mandamientos han sido escritos para que no los olvidemos. Estudia su Palabra y comprométete a memorizar sus enseñanzas, ¡y tendrás todo lo necesario para vivir una vida plena en Dios!

¿Qué éxito piadoso estás logrando ahora mismo?

Una promesa paciente

En realidad, no es que el Señor sea lento para cumplir su promesa, como algunos piensan.
Al contrario, es paciente por amor a ustedes.
No quiere que nadie sea destruido;
quiere que todos se arrepientan.

2 PEDRO 3:9 NTV

Jesús regresará un día, ¡prometió hacerlo! Hasta entonces, sin embargo, vivimos en el «intermedio». El reino ha venido pero no en su plenitud, y esperamos el tiempo en el que la tierra y todo lo que hay en ella sea restaurado.

El regreso de Jesús puede parecernos lento a todos los que esperamos, pero si entendemos el amor que Jesús tiene por la humanidad, podemos entender en parte su tiempo de espera a que otros se arrepientan. Alaba a Jesús por su amor, y sé paciente en su promesa. ¡Él regresará!

¿Qué promesas de Dios estás esperando que se cumplan?

Poder de Pentecostés

«Pero cuando venga sobre ustedes el Espíritu Santo recibirán poder, y serán mis testigos en Jerusalén, en Judea, en Samaria, y hasta lo último de la tierra».

HECHOS 1:8 RVC

El Espíritu Santo puede ser una influencia poderosa en tu vida si aprendes a oír su voz. Cuando el Espíritu Santo vino sobre los creyentes de la iglesia primitiva fueron testigos de muchos milagros, ¡incluyendo poder oír a los demás hablar en otras lenguas! ¡Muchas personas se hicieron cristianas como resultado de estos momentos del Espíritu Santo!

Cuando muestras genuinamente el poder del Espíritu Santo, las personas se sentirán atraídas a ti y a tu testimonio del evangelio de Jesucristo. Anímate, porque el mismo Espíritu que cayó sobre los creyentes en ese día está hoy contigo.

¿De qué modo es evidente en tu vida la presencia de Dios?

Alturas humildes

Humíllense delante del Señor y él los exaltará.

SANTIAGO 4:10

Parece como si la frase estuviera boca abajo: que en la humildad, y no en el orgullo, uno será exaltado. Por lo general, la humildad viene con una sensación de vergüenza; sin embargo, no hay vergüenza en la humildad delante de Dios. El Señor ama la humildad porque te acerca a Él, y eso le permite obrar a través de ti sin tener que luchar con tu orgullo.

La humildad delante del Señor es el reconocimiento de que necesitas su perdón, su gracia y su fuerza en todas las áreas y en todos los momentos de tu vida. En tu humildad ante Él, ¡Él te animará, fortalecerá y levantará!

¿Cómo se interpone el orgullo para que Dios no hable y obre en tu vida?

Libres del pasado

De modo que si alguno está en Cristo, ya es una nueva creación; atrás ha quedado lo viejo: ¡ahora ya todo es nuevo!

2 CORINTIOS 5:17 RVC

Antes de Cristo éramos esclavas de nuestra naturaleza pecaminosa y no teníamos libertad de las cosas que habíamos hecho mal. Cuando Jesucristo murió en la cruz, tomó sobre sí nuestro pecado. Cuando resucitó, mostró su victoria sobre el pecado y la muerte.

Tus pecados del pasado le pertenecen a la persona vieja, la que no tenía a Cristo. Como cristianas, vivimos por la gracia y en el perdón que Dios nos concede gracias al sacrificio de Jesús. Vive como esa nueva creación que Dios te ha hecho ser, caminando en la libertad de su gracia.

¿En qué novedad de vida estás caminando hoy?

Fortaleza de corazón

¿A quién tengo en el cielo sino a ti?
Si estoy contigo, ya nada quiero en la tierra.
Podrán desfallecer mi cuerpo y mi corazón,
pero Dios es la roca de mi corazón;
él es mi herencia eterna.

SALMOS 73:25-26

Cuando Dios dijo: «Yo Soy», declaró cuán amplia es su presencia tanto en el cielo como en la tierra. Cuando comenzamos a entender el amor y la grandeza de nuestro Dios, nos convencemos de que Él lo es todo.

El Señor es tu todo; no hay nada en el cielo ni en la tierra que sea mayor. Su amor por ti te dará todo lo que necesites. Aunque todo lo que te rodea fracase y se desmorone, el conocimiento de Dios descansará para siempre en tu corazón. Él es tu porción para siempre.

¿Puedes expresar tu amor por Dios hoy?

Convencida del amor

Y estoy convencido de que nada podrá jamás separarnos del amor de Dios. Ni la muerte ni la vida, ni ángeles ni demonios, ni nuestros temores de hoy ni nuestras preocupaciones de mañana… nada en toda la creación podrá jamás separarnos del amor de Dios, que está revelado en Cristo Jesús nuestro Señor.

ROMANOS 8:38-39 NTV

Nuestra relación con Jesucristo es eterna. Tal vez acabas de comenzar este viaje con Él, o quizá llevas siendo amiga de Dios toda tu vida. Sea cual sea tu historia de vida, estás cubierta por su gracia y nada puede separarte nunca de su amor.

Jesucristo ama a su pueblo. Se humilló a sí mismo y adoptó forma humana por ti. Sufrió el rechazo por ti. Se sometió a la cruz y murió por ti. Nada hubiera detenido su amor por ti. Su amor te rodeará en la altura más elevada y en el lugar más profundo. Convéncete de que nada te separará del amor que has encontrado en Jesús.

¿Qué cosas te hacen sentir separada de Dios?
¿Puedes aplicar la verdad de la Palabra de Dios a esas cosas?

Oportunidad para el gozo

Cuando tengan que enfrentar cualquier tipo de problemas, considérenlo como un tiempo para alegrarse mucho porque ustedes saben que, siempre que se pone a prueba la fe, la constancia tiene una oportunidad para desarrollarse.

SANTIAGO 1:2-3 NTV

No es fácil enfrentar los problemas con gozo, a menos que podamos entender cómo obran esas cosas para bien. Una de las mejores cosas que proviene de los problemas es que somos probadas. Y, aunque la prueba parezca producirnos cierta ansiedad, cuando la atravesamos tenemos más confianza que antes de pasarla.

La constancia es una cualidad crucial para mantenernos fieles a nuestra fe en los tiempos difíciles. En vez de rendirte cuando lleguen los problemas, aférrate a tu fe en Jesús y pídele al Espíritu Santo que te ayude en tiempos de pruebas.

¿Cómo está siendo probada tu constancia?

Saciada

Se alegrarán el desierto y el sequedal;
se regocijará la estepa
y florecerá como la rosa.

ISAÍAS 35:1

Hay momentos en la vida en los que sentimos que nos esforzamos mucho, pero no llegamos a ninguna parte; estamos sedientas de algo más, pero seguimos sintiéndonos secas. Dios ha prometido que llegará el día en que todos los redimidos dejarán de tener sed de realización, en el que todo lo que deseemos será satisfecho.

Sin embargo, antes de que llegue ese día, Dios sigue dispuesto y es capaz de concederte un oasis en el desierto y darte señales de vida en cualquier tipo de «sequedad» que puedas estar experimentando. Al igual que la promesa que Jesús le hizo a la mujer del pozo, el agua que Él da es eterna y se convierte en nosotras en una fuente de agua que brota para vida eterna.

¿Cuándo sacas del pozo de Dios de refrigerio profundo?

Provisión

Y aquel que da semilla al que siembra, y pan al que come, proveerá los recursos de ustedes y los multiplicará, aumentándoles así sus frutos de justicia.

2 CORINTIOS 9:10 RVC

El comienzo de la generosidad es la provisión. Así como un agricultor necesita semilla para tener una cosecha, nosotras también debemos tener algo que sembrar. Dios te ha suplido de todo lo que necesitas para ayudarte a crecer en su reino. Él aumentará tus recursos mientras plantas diligentemente las semillas de fe.

A medida que Dios multiplica tus recursos, también aumentará la cosecha, es decir, lo bueno que viene de lo que tú has sembrado. Él te da generosamente para que también tú seas generosa. Anímate a dar de lo que Él te ha dado, y observa cómo aumentan las bendiciones en tu vida.

¿Cómo puedes sembrar semillas de fe para ver crecimiento en tu vida y en las vidas de otros?

Luz del alba

Para los justos la luz brilla en las tinieblas;
para los que son misericordiosos, compasivos y justos.

SALMOS 112:4

La mitad de la noche puede ser un tiempo de ansiedad si nos despertamos, a menudo trayendo temores irracionales de peligro, pensamientos inquietantes o un espíritu intranquilo. Como contraste, los primeros rayos de luz en la mañana pueden darnos paz, esperanza y gozo.

La vida no siempre nos parece llena de esperanza y gozo, especialmente cuando hemos experimentado dolor, ansiedad o depresión. La verdad de Dios, sin embargo, es que incluso en tus momentos de oscuridad su luz brillará para ti. La gracia, compasión y justicia te pertenecen si permites que Jesús haga brillar su vida en tu corazón.

¿Cómo experimentas la esperanza y el gozo que llegan con el alba?

Olor celestial

Mas a Dios gracias, el cual nos lleva siempre en triunfo en Cristo Jesús, y por medio de nosotros manifiesta en todo lugar el olor de su conocimiento.

2 CORINTIOS 2:14 RVR-60

En la antigua Roma, un triunfo era una procesión ceremoniosa que se concedía a los generales que habían conseguido una victoria decisiva en la batalla. Jesucristo triunfó sobre el pecado y la muerte, ¡y nosotras somos llamadas a ser parte de esa victoria! ¡Él nos ha guiado en la batalla y somos parte del bando ganador!

La victoria de Jesús puede reflejarse a través de nuestras palabras y acciones, pero también es descrita como un olor que se manifiesta en cualquier lugar que nosotras pisemos. Cuando llevas contigo la confianza de tu triunfo, impregnará el aire a tu alrededor y hará que otras personas detecten la fragancia de Jesús.

¿Sobre qué has obtenido la victoria recientemente?

Teología del trueno

Dios hace tronar su voz y se producen maravillas:
¡Dios hace grandes cosas que rebasan nuestra comprensión!

JOB 37:5

Los truenos son potentes, misteriosos e imponentes. No me extraña que así se describa la voz de Dios. Con ella creó los cielos y la tierra, y su voz puede ordenar a todas las cosas que se sometan a su voluntad.

A través de la historia, Dios ha hecho grandes cosas y hoy también puede hacerlas. ¿Qué son las grandes cosas que le has estado pidiendo a Dios para tu vida? ¿Crees que Él puede hacerlas? Tal vez no lleguemos a entender totalmente cómo obra Dios, igual que no llegamos a entender del todo los truenos, pero sabemos que Él es poderoso y está presente. Confía en que Él hará grandes cosas.

Haz una lista con algunas de las grandes cosas que has visto a Dios hacer en tu vida.

Solo creer

Estas cosas os he escrito a vosotros que creéis en el nombre del Hijo de Dios, para que sepáis que tenéis vida eterna, y para que creáis en el nombre del Hijo de Dios.

1 JUAN 5:13 RVR-60

Cuando Jesús vino a la tierra, hubo muchos que le vieron y presenciaron sus enseñanzas y milagros; sin embargo, no creyeron. Es increíble que la creencia en Jesús haya perdurado por tanto tiempo después de que Él fuera llevado de nuevo al cielo.

Jesús dice que los que no le han visto y aun así han creído son benditos. Tú eres bendita, porque lo amas y tienes fe en Él. Por eso puedes tener gozo en medio de cualquier situación; porque has puesto tu fe en la verdad, y esa verdad un día te llevará a la gloria.

¿Cómo puedes creer aun sin haber visto a Dios?

Enfocadas en Él

Fijemos la mirada en Jesús, el iniciador y perfeccionador de nuestra fe, quien por el gozo que le esperaba, soportó la cruz, menospreciando la vergüenza que ella significaba, y ahora está sentado a la derecha del trono de Dios.

HEBREOS 12:2

Es difícil imaginar cómo Jesús fue capaz de soportar un sufrimiento tan sobrecogedor en la cruz, pero la Escritura nos explica que Él se enfocó en el gozo que le esperaba. Jesús vio más allá de su sufrimiento para redimirnos, y sabía que Dios sería glorificado.

Del mismo modo, a nosotras se nos insta a enfocarnos en Jesús. Algunas traducciones dicen que «pongamos nuestros ojos» en Jesús. Esto significa que, incluso cuando estés pasando por dificultades, puedes enfocarte en Jesús. Mantener los ojos puestos en Él nos permite ver más allá del sufrimiento y saber que Dios, al final, será glorificado en la medida en que mantengamos nuestra fe puesta en Él.

¿Cómo fijas tu mirada en Dios para poder ver más allá de las dificultades y el sufrimiento?

Reino eterno

Ya que estamos recibiendo un reino inconmovible, seamos agradecidos y agrademos a Dios adorándolo con santo temor y reverencia.

HEBREOS 12:28 NTV

Los reyes y las reinas se sientan sobre el trono por un tiempo, pero al final, ya sea por la muerte o la derrota, su reinado termina. El reino de Dios no es como los reinos humanos; es invencible e inamovible.

Tú perteneces al reino de Dios, y este reino no será derrotado nunca. Ningún otro principado o potestad podrá sobrepasar su poder. Sé agradecida por pertenecer a este reino. ¡Adora a Dios, porque es el rey del universo y el rey de tu corazón!

¿Cómo puedes adorar a Dios en reverencia y amor?

El horno de fuego

Si nos arrojan al horno ardiente, el Dios
a quien servimos es capaz de salvarnos.
Él nos rescatará de su poder, su majestad.

DANIEL 3:17 NTV

¡La confianza que tenían Sadrac, Mesac y Abed-nego en el poder de Dios para librarlos del horno de fuego es increíble! No solo se negaron a adorar al ídolo del rey, sino que también pasaron por el fuego voluntariamente para demostrar el poder de su Dios.

No es muy probable que tú tengas que pasar por un fuego literal por Dios, pero Él honrará tu decisión de mantenerte firme en tu fe. Puede que te sientas presionada por la mayoría para vivir de una manera determinada, aceptar otras religiones y comprometer tus valores. Recibe ánimo sabiendo que nuestro Dios es el Dios que salvó a estos hombres fieles del fuego, y es el único digno de alabanza.

¿Ante qué ídolos debes mantenerte firme hoy?

Perenne

Pero benditos son los que confían en el Señor
y han hecho que el Señor sea su esperanza y confianza.
Son como árboles plantados junto a la ribera de un río
con raíces que se hunden en las aguas.

JEREMÍAS 17:7-8 NTV

Los árboles que son plantados más cerca de la fuente de la vida son fuertes, están sanos y dan fruto. Por el contrario, a un árbol que no es plantado cerca del agua le costará sobrevivir cuando lleguen el calor o la sequía.

¡El Señor es tu fuente de vida! A medida que ores, adores, leas su Palabra y tengas comunión con otros creyentes, te acercarás más a Dios. Esas son las raíces que echas, y te permiten profundizar en tu relación con Dios. Cuando sabes que estás cerca de la fuente, tendrás confianza en que en medio del calor o la sequía sus aguas refrescantes siempre están disponibles para sostenerte y bendecirte.

¿Cómo puedes plantarte más cerca de Dios?

Mi redentor vive

Sé que mi Redentor vive,
y un día por fin estará sobre la tierra.

JOB 19:25 NTV

Si estás familiarizada con la historia de Job, sabrás que Dios permitió que sufriera en gran manera; perdió a su familia, su salud y su riqueza. Podemos empatizar con Job en su lucha por entender a Dios y la futilidad de la vida.

En medio del sufrimiento, lo único a lo que podremos aferrarnos es una declaración. Aunque Job no podía comprender su sufrimiento o lo que Dios estaba haciendo, sabía en su corazón y declaró con sus labios: «mi Redentor vive». Recibe ánimo meditando en esa declaración. Dios es el que tiene la última palabra en tu vida y en esta tierra, ¡y puedes declarar con libertad que Él vive!

¿A quién conoces que ha demostrado una fe asombrosa en medio del sufrimiento?

Siempre ayudando

Porque Dios no es injusto como para olvidarse de las obras y del amor que en su nombre ustedes han demostrado sirviendo a los creyentes, como lo siguen haciendo.

HEBREOS 6:10

¿Alguna vez has sentido que das y das pero nadie lo aprecia? Las mujeres parecemos tener una tendencia natural a cuidar a aquellos que están en necesidad. A veces, sin embargo, este amor hacia los demás parece pasar desapercibido y puede hacernos sentir incluso resentimiento.

Aunque las personas no se tomen el tiempo de apreciar tu ayuda, ¡Dios sí que lo hará! Él no se olvida de que has mostrado amor a sus hijos, y sabe que es por tu amor por Él. ¡Sigue así!

¿Cómo puedes seguir haciendo un buen trabajo incluso sin apreciación?

Él se goza en ti

El Señor tu Dios, está en medio de ti
como poderoso guerrero que salva.
Se deleitará en ti con gozo, te renovará con su amor,
se alegrará por ti con cantos.

SOFONÍAS 3:17

Los padres suelen estar locamente orgullosos de sus hijos. No importa el tipo de talento que ese niño tenga; un padre o una madre siempre encontrará algo que alabar en sus hijos. El amor de los padres no depende de lo que el hijo puede hacer, sino de quién es. Ven un corazón hermoso y mucho potencial.

Nuestro Padre celestial siente lo mismo por nosotras, solo que en una escala mucho mayor. No solo está siempre presente, también es protector, está orgulloso y nos ama. ¡Imagínalo hoy tan contento de estar cerca de ti que se alegra con cantos! Tú eres su hija, y Él te ama.

¿De qué forma te ayuda a aumentar tu confianza saber que tienes un Padre celestial que se deleita tanto en ti?

Muchas maravillas

Muchas son, Señor mi Dios, las maravillas que tú has hecho.
No es posible enumerar tus planes en favor nuestro.
Si quisiera anunciarlos y proclamarlos, serían más
de lo que puedo contar.

SALMOS 40:5

Es bueno darle la gloria a Dios por todas las cosas que son demasiado maravillosas como para expresarlas con palabras. Sabemos por la Biblia que Dios ha actuado con poder en muchas ocasiones para preservar a su pueblo escogido. Sabemos que Jesús hizo milagros espectaculares. El Espíritu Santo se movió de modo poderoso en la iglesia primitiva y aún hoy muestra su poder.

Seguramente se te ocurran muchos ejemplos de las grandes cosas que Dios ha hecho por ti. Imagina la cantidad de creyentes que pueden contar historias parecidas… ¡no se podrían enumerar todas!

¿Qué planes maravillosos crees que Dios tiene preparados para tu vida?

Sed de misericordia

¡Vengan a las aguas todos los que tengan sed!
¡Vengan a comprar y a comer los que no tengan dinero!
Vengan, compren vino y leche sin pago alguno.

ISAÍAS 55:1

Usamos el dinero para conseguir cosas que queremos, pero principalmente para conseguir cosas que necesitamos, como comida o incluso agua. ¡Imagina entrar a un supermercado y que te ofrezcan llevarte todo lo que quieras sin pagar nada! Así es la misericordia que Jesús nos ha mostrado a través de su sacrificio.

Necesitamos la misericordia de Dios igual que necesitamos el agua. El vino y la leche eran alimentos caros en los tiempos cuando se escribió este texto, y ofrecerlos gratis habría sido un gran sacrificio. Lo que Cristo hizo por ti en la cruz costó caro, pero lo hizo por el gran amor que te tiene.

¿Qué sacrificios haces por aquellos a los que amas?

Decisiones divinas

¡Qué grande es la riqueza, la sabiduría y el conocimiento de Dios! ¡Es realmente imposible para nosotros entender sus decisiones y sus caminos!

ROMANOS 11:33 NTV

¿Cómo sabes cuando has tomado la decisión correcta? Cuando nos enfrentamos a la incertidumbre por una decisión importante, utilizamos muchas estrategias para averiguar cuál sería la respuesta correcta. Algunos de ellos son buenos razonamientos, ¡pero otros no!

Deberíamos tener cuidado de no proyectar nuestras dificultades al tomar decisiones a la forma en que el Señor toma decisiones. La Biblia dice que sus caminos no son nuestros caminos y sus pensamientos no son nuestros pensamientos. Dios es rico en sabiduría y conocimiento, por lo que sus caminos son infinitamente mejores que los nuestros. ¡Deja que Él te ayude en tu proceso de toma de decisiones y confía en sus caminos!

¿Qué decisiones pondrás hoy delante de Dios?

Contentamiento

Sé lo que es vivir en la pobreza y lo que es vivir en la abundancia. He aprendido a vivir en todas y cada una de las circunstancias, tanto a quedar saciado como a pasar hambre, a tener de sobra como a sufrir escasez.

FILIPENSES 4:12

¿Cuál es el secreto que Pablo había entendido acerca del contentamiento y por qué íbamos a necesitarlo en tiempos de abundancia? El defecto tanto de la pobreza como de la riqueza es que siempre queremos más.

El secreto del contentamiento de Pablo era que había experimentado la provisión de Dios en sus necesidades espirituales, emocionales y físicas, y sabía que lo único que necesitaba era confiar en el Señor Jesucristo. No necesitas más para ser feliz. Jesús es más que suficiente para ti. Cuando entiendas eso, podrás decir como Pablo que has aprendido el secreto del contentamiento.

¿Cuándo has experimentado la abundante provisión de Dios?

Reflejo radiante

El Hijo refleja el brillo de la gloria de Dios y es la fiel representación de lo que él es. Él sostiene todas las cosas con su palabra poderosa. Después de llevar a cabo la purificación de los pecados, se sentó a la derecha de la Majestad en las alturas.

HEBREOS 1:3

Jesús no era un hombre común. Por supuesto que sabemos eso, pero ¿reconocemos que Jesús es un ser divino que es igual a Dios? Cuando Jesús vino a la tierra, nos reveló el carácter de Dios. Como es el reflejo de Dios, refleja a un Dios que es poderoso y también está lleno de amor.

Aunque Jesús era divino, vino a la tierra como hombre para poder llevar a cabo la voluntad de Dios. Y esa voluntad era que Él fuese el sacrificio definitivo para toda la humanidad, para cubrir nuestros pecados. Jesús, ahora sentado con Dios en el cielo, vino por ti. Él sostiene el universo, y te sostiene a ti con su Palabra.

¿Cómo puedes caminar en humildad hoy?

Examíname

Examíname, oh Dios, y conoce mi corazón;
pruébame y conoce mis ansiedades.
Fíjate si voy por un camino que te ofende
y guíame por el camino eterno.

SALMOS 139:23-24

Examinar requiere mirar en todos los lugares posibles para ver qué hay en ellos. Pedirle a Dios que examine tu corazón significa que lo invitas a conocer todo lo que hay en él. La vulnerabilidad es difícil, especialmente cuando estamos luchando contra el orgullo o cuando queremos esconder sentimientos dolorosos o incluso pecado.

Por supuesto que Dios ya conoce tu corazón, así que esconderse de Él no tiene sentido. Sin embargo, cuando tú lo invitas a entrar, estás reconociendo que tal vez necesites que Él te muestre cosas en tu corazón y en tu mente que necesitan de su amor y su guía. Debes saber que, cuando te rindes a Él, su amor cubrirá cualquier error y te guiará en su camino eterno.

¿Qué pensamientos de ansiedad y malos hábitos quieres rendir hoy ante Dios?

Junio

Pero ustedes, ¡manténganse firmes y no bajen la guardia, porque sus obras serán recompensadas!

2 Crónicas 15:7 NTV

En su presencia

…allí estaba yo a su lado, afirmando su obra.
Día tras día me llenaba yo de alegría,
siempre disfrutaba de estar en su presencia.

PROVERBIOS 8:30

¿Qué significa disfrutar en la presencia de Dios? ¿Alegrarse simplemente por estar con Él? El resultado natural de estar en la presencia de Dios es un gozo, una fortaleza y una alegría constantes, así como el deseo de permanecer ahí.

Cuanto más te sumerges en su Palabra y alimentas en tu corazón la relación con Él, más te deleitará y te satisfará hasta que no puedas hacer otra cosa que correr diariamente a su presencia con un deseo intenso por estar con Él.

¿De qué maneras anhelas la presencia de Dios?

Belleza interior

En cambio, vístanse con la belleza interior, la que no se desvanece, la belleza de un espíritu tierno y sereno, que es tan precioso a los ojos de Dios.

1 PEDRO 3:4 NTV

A Dios le cautiva la belleza interior de tu verdadero yo. A Él nunca le importará cómo te ves en el espejo tanto como el estado de tu alma.

Tu cara, tu cuerpo, tu peso… tu forma humana no es de lo que Él se enamoró. Lo precioso ante los ojos de Dios es la belleza de tu espíritu.

¿Cómo puedes potenciar tu belleza interior?

Amor correspondido

A los que me aman, les correspondo;
a los que me buscan, me doy a conocer.

PROVERBIOS 8:17

Con Dios, no tenemos que preocuparnos nunca de mostrar amor y no ser correspondidas. Sabemos con total certidumbre que nuestro amor, sin importar lo apasionado que sea, siempre es correspondido aún con más pasión. Dios ama a aquellos que lo aman; quiere que lo busques. Pero su mayor anhelo es que lo encuentres.

No pienses que cuando clamas a Él estás hablando al aire. Él te oye y te ama. Se entrega a ti. Sigue amándolo y sigue buscándolo. Él se entregará a ti más completamente de lo que puedas imaginar.

¿Qué clamor necesitas que Dios oiga hoy?

Alabanza continua

Desde la salida del sol hasta su ocaso,
sea alabado el nombre del Señor.

SALMOS 113:3

¿Cómo se vería ser una mujer que alaba a Dios desde el momento en que se levanta cada mañana hasta que se duerme cada noche? No solo estaríamos agradando a Dios al adorarlo constantemente, sino que también provocaríamos cambios increíbles en nuestra vida personal.

Una alabanza continua e intencional siempre da como resultado un gozo continuo e intencional. Cuando decida ver cada momento como un momento para estar agradecida y adorar, encontraré belleza, gozo y satisfacción en cada momento.

¿Cómo puedes ser una persona que alaba continuamente a Dios?

Amistad poderosa

Huye de las malas pasiones de la juventud y esmérate en seguir la justicia, la fe, el amor y la paz, junto con los que invocan al Señor con un corazón limpio.

2 TIMOTEO 2:22

La vida cristiana es revolucionaria. Somos llamadas constantemente a romper el molde y vivir una vida diferente. Ser diferente no es fácil, pero cuando tenemos personas a nuestro alrededor que están viviendo por el mismo estándar revolucionario, pasamos de ser raras a estar llenas de pasión.

¡Ese es el poder de la amistad! Estando lado a lado podemos animarnos las unas a las otras a crecer en nuestra fe, y podemos compartir el mensaje contagioso de Cristo (el mensaje de amor y salvación) al resto del mundo.

¿Cuál de tus amistades te anima a amar a Dios más profundamente y a conocerlo más completamente?

Vencer

Yo les he dicho estas cosas para que en mí hallen paz. En este mundo afrontarán aflicciones, pero ¡anímense! Yo he vencido al mundo.

JUAN 16:33

Es fácil sentirse abrumada por todo el mal que hay en el mundo, pero cuando reconocemos la verdad de que nuestro Dios ya lo ha conquistado todo, podemos tener paz que va más allá de lo que podamos imaginar.

El Dios que está de nuestro lado tiene y siempre tendrá la victoria sobre la oscuridad. Podemos vivir nuestra vida con la fuerza y la confianza que distinguen a una verdadera conquistadora.

¿Cómo caminas con paz en el corazón incluso en medio de la adversidad?

El padre bueno

Yo seré un Padre para ustedes
y ustedes serán mis hijos y mis hijas,
dice el Señor Todopoderoso.

2 CORINTIOS 6:18

Al pensar en la majestuosidad de Dios, es fácil pensar que también es un Dios distante. Comenzamos a pensar que está desconectado de nuestra vida diaria; que está ausente y desinteresado. ¡Nada más lejos de la realidad!

Dios es un padre bueno y cariñoso que se interesa por nuestros pensamientos más profundos como un padre hace con sus hijos. Él nos ama profunda y tiernamente como solo puede hacerlo un buen padre. Cuando ajustamos nuestra percepción de Dios y la cambiamos de distante a increíblemente cercana, nuestra intimidad con Él se hace más profunda.

¿Cómo puedes ajustar tu percepción de Dios?

Relaciones correctas

Sobre todo, ámense los unos a los otros profundamente, porque el amor cubre muchísimos pecados.

1 PEDRO 4:8

El amor siempre es el ingrediente clave en las relaciones correctas, porque el amor es sinónimo de nuestro Creador: Dios. La sangre derramada del amor fue la que limpió los pecados del hombre, y ese mismo amor es lo único que puede hacer que dos personas quebradas se apoyen mutuamente en una relación piadosa.

Cuando nos esforzamos por amarnos los unos a los otros profundamente, no solo permitimos que la mismísima esencia de Cristo fluya a través de nosotras, también lo mostramos a Él a la persona con la que tenemos la relación y al mundo que observa.

¿Cómo puedes amar profundamente a otros?

Gozo que testifica

Entonces nuestra boca se llenó de risas;
nuestra lengua, de canciones jubilosas.
Hasta los otros pueblos decían:
«El Señor ha hecho grandes cosas por ellos».

SALMOS 126:2

Es cierto: la adoración llena de gozo testifica alto y claro de la obra de Dios en nuestras vidas. Cuando alabamos con gozo y risa por todo lo que Dios ha hecho por nosotras, el resto del mundo tomará nota. A menudo, como cristianas nos concentramos por completo en avanzar en obediencia y perdemos de vista el gozo sobrecogedor del Señor que es nuestra fortaleza.

Cuando nos tomamos el tiempo de alabar a Dios y darle gracias con un corazón contento, incluso aquellos que están en el mundo no pueden negar la evidencia de la gran obra de Dios.

¿De qué maneras es evidente el gozo de Dios en tu vida?

Relaciones

Alégrense, busquen su restauración, hagan caso de mi exhortación, sean de un mismo sentir, vivan en paz. Y el Dios de amor y de paz estará con ustedes.

2 CORINTIOS 13:11

Las relaciones interpersonales sanas y piadosas entre creyentes no son cosa fácil; especialmente cuando hay conflicto. Nuestra inercia puede ser correr en la dirección opuesta en lugar de quedarnos y enfrentar los desacuerdos o reparar una relación rota.

Cuando nos esforzamos por tener unidad y restauración, animarnos unas a otras y tener paz, literalmente estamos dando la bienvenida a la presencia de Dios a nuestras relaciones con los demás.

¿Cómo puedes luchar para resolver los conflictos en las relaciones rotas hoy?

Gracia

Por eso el Señor los espera, para tenerles piedad;
por eso se levanta para mostrarles compasión.
Porque el Señor es un Dios de justicia.
¡Dichosos todos los que en él esperan!

ISAÍAS 30:18

Podemos estar tan abrumadas por nuestra propia culpabilidad, problemas o ideas equivocadas, que nos perdemos la verdad más preciosa y simple: nuestro Dios desea intensamente mostrarnos gracia. No anhela enseñarnos su ira o su castigo, ni tampoco se levanta para demostrar su poder y su increíble grandeza; se levanta para mostrarnos compasión.

Cuando entramos a la presencia de Dios con este punto de vista, su amor nos humilla a pesar de su justicia, porque el castigo que merecíamos pesa menos que la gracia que Él anhela darnos.

¿Cómo te sientes con respecto a la compasión de Dios hacia ti?

La trampa de la comparación

Así que, cada uno someta a prueba su propia obra, y entonces tendrá motivo de gloriarse solo respecto de sí mismo, y no en otro; porque cada uno llevará su propia carga.

GÁLATAS 6:4-5 RVR-60

La comparación es una trampa en la cual es fácil caer. Cuando escuchamos a otra persona compartir su historia, puede parecer que su vida va muy bien y que todas las cosas caen en su lugar exactamente como deberían. Incluso cuando comparten sus grandes dificultades escuchamos también acerca de sus victorias, y sus vidas parecen mucho menos complicadas que las nuestras.

Sin embargo, cada una de nosotras tiene sus momentos de oscuridad, confusión y sentirse perdida. Y cada uno de esos momentos nos llevará hacia la victoria y a enorgullecernos de la obra que Dios ha hecho en nosotras si lo permitimos.

¿De qué maneras te comparas con los demás?

Alegría completa

«Así que ahora ustedes tienen tristeza, pero volveré a verlos; entonces se alegrarán, y nadie podrá robarles esa alegría».

JUAN 16:22 NTV

La alegría que produce la presencia del Señor es una alegría que nadie puede robarnos. Cuando recordamos lo que Cristo ha hecho por nosotras y pensamos cómo su gracia ha cambiado el rumbo eterno de nuestras vidas, no podemos evitar llenarnos de un gozo irreprimible.

Puede que batallemos en los días difíciles, cuando nuestra vida se complica, para no perder de vista el gozo de nuestra salvación. Pero llegará el día en que Jesús regrese a esta tierra y lo arregle todo, y en ese día experimentaremos la alegría más completa.

¿Cómo puedes experimentar alegría incluso en los días difíciles?

Esperanza valiente

Ya que este nuevo camino nos da tal confianza, podemos ser muy valientes.

2 CORINTIOS 3:12 NTV

Cuando fijamos nuestros ojos en la esperanza de la salvación que tenemos en Cristo Jesús, es imposible no caminar con valentía. Cuando un soldado va a la guerra sabiendo que tendrá la victoria, puede luchar con una valentía sin precedentes.

Como hijas de Dios, nosotras somos como ese soldado. Nuestra batalla ya ha sido ganada; no tenemos nada que temer. Podemos caminar por la vida sin miedo con la esperanza que nos hace valientes.

¿En qué circunstancia necesitas caminar con valentía ahora mismo?

El Dios que busca

Porque así dice el Señor Dios: He aquí, yo mismo buscaré mis ovejas y velaré por ellas.

EZEQUIEL 34:11 LBLA

Dios valora tanto su relación contigo, que está dispuesto a ir la milla extra para cautivar tu corazón. Él no se queda sentado, esperando pasivamente a que tú te acerques. Dice que Él mismo busca a sus ovejas hasta encontrarlas.

¿Alguna vez has sentido cómo Dios te perseguía? ¿Tal vez a través de la Escritura, en un sermón, en una canción o en las palabras de un amigo? Te habla porque para Él es muy importante estar contigo. Deja que Dios te persiga y responde a su llamado con un corazón deseoso de ser amada por Él.

¿Alguna vez has sentido cómo Dios te perseguía?

Porción

El Señor es mi porción —dice mi alma—
por eso en Él espero.

LAMENTACIONES 3:24 LBLA

Vivimos en un mundo consumista en el que constantemente se nos anima a querer más. Nos enseñan que cuantas más cosas tengamos más felices seremos, pero las cosas de esta vida nunca saciarán el hambre de nuestras almas. El único sustento adecuado para un alma cansada es un Dios grande.

El Señor es nuestra porción; la porción perfecta para llenar nuestro vacío. Lo único que necesitamos es que Él nos dé esperanza, dirección y un futuro. Cuando nos llenamos de Él, no necesitamos nada más.

¿Qué cosas puedes regalarle a alguien que de verdad las necesite?

Acercada

Pero ahora en Cristo Jesús, a ustedes que antes estaban lejos, Dios los ha acercado mediante la sangre de Cristo.

EFESIOS 2:13

La redención que tenemos en Jesús ha cerrado la brecha que el pecado había creado. Ya no estamos lejos de Dios, porque hemos sido acercadas como sus hijas; ahora podemos tener una relación de amor con Él.

Si vivimos en esta verdad, podemos reprender la vergüenza y las formalidades, porque hemos recibido la libertad de acercarnos al trono de la gracia habiendo sido redimidas.

¿Cómo te sientes cuando estás en la presencia de Dios?

Acéptalo

Nosotros no hemos recibido el espíritu del mundo, sino el Espíritu que procede de Dios para que entendamos lo que por su gracia él nos ha concedido.

1 CORINTIOS 2:12

La bondad de Dios hacia nosotros está tan lejos de nuestra capacidad humana de mostrar bondad, que nos cuenta entenderla. Y, si nos cuesta entender los regalos de Dios, al final puede conducir a dificultades en nuestra capacidad de recibirlos.

Cuando somos salvas, Dios pone su Espíritu en nosotras, permitiéndonos entender su amor, misericordia y gracia. Con en el Espíritu de Dios en nuestro interior podemos comprender y aceptar completamente lo que el Padre nos ha dado.

¿Qué regalos de Dios tienes que aceptar?

Legado eterno

Mas la misericordia del Señor es desde la eternidad
hasta la eternidad, para los que le temen,
y su justicia para los hijos de los hijos.

SALMOS 103:17 LBLA

Al poner nuestra fe en Cristo hemos entrado a un legado eterno de fe. Cuando ponemos nuestra esperanza y nuestro temor en Dios, recibimos su amor constante y su promesa eterna. Recibir un amor que nunca se acaba significa que Aquel que te ama nunca se cansará de hacerlo.

El amor constante nunca cambia, no se acaba y no pierde su fervor. Descansa en el hecho de que el amante perfecto te amará por siempre.

¿Qué es para ti el amor constante?

No hay razón para temer

¡Amen al Señor todos los justos!
Pues el Señor protege a los que le son leales,
pero castiga severamente a los arrogantes.
Así que, ¡sean fuertes y valientes,
ustedes los que ponen su esperanza en el Señor!

SALMOS 31:23-24 NTV

El miedo no debería ser una emoción común para el creyente. Cuando vivimos completamente ancladas en la verdad de que Dios ya ha ganado la victoria para nosotras, no hay razón para tener miedo. Dios nunca nos deja solas y abandonadas. Él está a nuestro lado en medio de cualquier situación que enfrentemos, fortaleciéndonos para pelear.

Podemos caminar con la cabeza bien alta, llenas de valentía y confianza sabiendo que, con Dios de nuestro lado, no hay razón para temer.

¿Qué te da miedo?

Buscadoras diligentes

El alma del perezoso desea, y nada alcanza;
Mas el alma de los diligentes será prosperada.

PROVERBIOS 13:4 RVR-60

El conformismo en nuestro caminar cristiano es peligroso. Cuando no nos importa quedarnos donde estamos en cuanto a nuestra relación con Dios, no avanzamos en Él. Sin embargo, cuando nos ponemos en marcha para buscarlo, seremos impulsadas en nuestra fe.

Si realmente queremos conocer a Dios, entonces nuestra búsqueda de Él no puede ser pasiva. Debemos ponernos manos a la obra, siendo buscadoras diligentes de su presencia.

Cuando sientes pereza, ¿qué haces?

El lugar donde Dios habita

¿No saben que ustedes son templo de Dios
y que el Espíritu de Dios habita en ustedes?

1 CORINTIOS 3:16

Un templo, por definición, es el lugar donde Dios habita. En el Antiguo Testamento, el pueblo tenía que desplazarse al tabernáculo para ofrecer sacrificios y adorar a Dios. Dependían de que un sacerdote entrara al lugar santo y se comunicara con Dios en nombre de ellos.

Bajo el nuevo pacto, el Espíritu del Dios viviente habita en nuestro cuerpo. En el momento en que Cristo murió, el velo que nos separaba del lugar santo se rasgó en dos, simbolizando el fin de la separación de Dios y el hombre. Ahora, su presencia está con nosotras dondequiera que estemos, y su gloria llena todo nuestro ser.

¿Cómo te comunicas con Dios?

Amor verdadero

«El amor que tengan unos por otros será la prueba ante el mundo de que son mis discípulos».

JUAN 13:35 NTV

Hemos recibido el mandamiento de amarnos los unos a los otros. Pero amar no es fácil. Todas las relaciones humanas tienen áreas que están quebradas, y el amor muchas veces consiste en reparar. Amas a la otra persona a pesar de las dificultades y las inconveniencias. El amor verdadero es lo suficientemente paciente como para sobrevivir a los retos y buscar soluciones. El amor verdadero no busca satisfacerse a sí mismo; el amor verdadero es generoso.

Cuando Dios definió el amor, lo hizo a través de un sacrificio demostrando que en el amor no tiene cabida el egoísmo.

¿De qué maneras puedes demostrar amor y devoción sin egoísmo en tus relaciones cercanas?

El encargo

Y como Moisés levantó la serpiente en el desierto, así es necesario que el Hijo del Hombre sea levantado, para que todo aquel que en él cree, no se pierda, mas tenga vida eterna.

JUAN 3:14-15 RVR-60

Moisés cumplió incluso los mandamientos más extraños e incómodos de Dios. Una vez construyó obedientemente una serpiente de bronce, la puso sobre un poste, y ordenó a todos los que habían sido mordidos por una serpiente venenosa que la miraran. Los israelitas debieron de quedarse perplejos, pero aquellos que confiaron de verdad y miraron a la serpiente fueron sanos. Esta historia presagia el sacrificio de Jesús en la cruz. Igual que por el primer Adán llegó la muerte, el último Adán trajo consigo salvación si miramos a Él con fe.

Tenemos un encargo similar al de Moisés: levantamos a Jesús en alto, diciéndoles a las personas que miren a Él si quieren vida eterna. Puede parecer incómodo, pero también dejamos a un lado nuestra vergüenza. Pongamos delante de nosotras a Jesucristo y su amor por la gente a la que vino a salvar.

¿Te sientes equipada cuando compartes tu fe con otras personas?

En la carrera

No teman… Aunque ustedes han cometido una gran maldad, no se aparten del Señor; más bien, sírvanle de todo corazón.

1 SAMUEL 12:20

A menudo batallamos, pensando que tenemos que perdonarnos a nosotras mismas, porque no tenemos paz con respecto a nuestros pecados pasados. La verdad del asunto es la siguiente: lo importante es el perdón de Jesús, y si Jesús te ha hecho libre, ya no tienes voz ni voto en el asunto. Jesús perdonó tus pecados. Él limpia el polvo de tus rodillas, besando y curando tus heridas. Ahora puedes correr de nuevo.

Cuando corras, no te detengas por la desesperanza o la duda. Nunca quites la mano del arado porque no te sientas digna. Tú no te ganaste el derecho a servir a Dios; Jesús es quien te compró y quien te perdonó. Si Aquel que juzgará todas las cosas te ha declarado limpia, entonces eres una novia sin tacha y reluciente.

¿Cómo puedes seguir sirviendo a Dios incluso cuando no te sientes digna?

Recuerda

Rescataré a los que me aman;
protegeré a los que confían en mi nombre.
Cuando me llamen, yo les responderé;
estaré con ellos en medio de las dificultades.
Los rescataré y los honraré.

SALMOS 91:14-15 NTV

Cuando leemos la Palabra de Dios, unimos nuestras necesidades a la provisión de Dios. Leemos las palabras en las páginas y nos damos cuenta de que Dios ayudó a personas que tuvieron las mismas necesidades que nosotras. Sea amor, sabiduría, provisión o justicia, Jesús tiene todo lo que necesitamos. Él es generoso y nos ha llamado a acercarnos para recibir lo que tiene para nosotras, incluyendo la intimidad con Él.

Lee su Palabra y conócelo a Él. Deja que el Espíritu Santo te enseñe todas las cosas cuando pienses y medites. Lee el libro de Salmos si necesitas consuelo y ánimo; estudia Proverbios si quieres una sabiduría más profunda. La Palabra de Dios fue escrita para ti y te pertenece.

¿De qué formas estás haciendo crecer tu fe y aprendiendo de la sabiduría de Dios?

Fortaleza cada mañana

Señor, ¡ten compasión de nosotros;
pues en ti esperamos!
Sé nuestra fortaleza cada mañana,
nuestra salvación en tiempo de angustia.

ISAÍAS 33:2

En tiempos de crisis, cada mañana demanda nuestra fortaleza. En las temporadas difíciles, el caminar diario trae consigo preocupación, temor y angustia. Todas buscamos fortaleza en lugares diferentes; algunas encontramos seguridad en la estabilidad económica, otras en la salud física, y aún otras en la comunidad y las amistades.

Si creemos que Cristo es la verdadera fuente de fortaleza, entonces cada nueva mañana abriremos su Palabra buscando verdades que contrarresten la preocupación con paz, el temor con sabiduría, y la angustia con confianza. Su gracia nos hará más que capaces de levantarnos cada mañana con fortaleza para el día.

¿Para qué necesitas hoy la fortaleza de Dios?

Si el Señor no...

Si el Señor no construye la casa,
el trabajo de los constructores es una pérdida
de tiempo. Si el Señor no protege la ciudad,
protegerla con guardias no sirve para nada.

SALMOS 127:1 NTV

Intentar hacer cualquier cosa separadas de Cristo es una pérdida de tiempo. Si no buscamos trabajar junto a Él para hacer su voluntad, desperdiciaremos nuestros esfuerzos y nuestras metas serán inútiles. Sin embargo, cuando decidimos trabajar junto al Dios Todopoderoso para hacer el trabajo que Él ya está haciendo, experimentamos el gozo de sus bendiciones y la recompensa de su presencia.

Espera en Dios. Pídele que te revele en qué está trabajando y de qué manera le gustaría que te unieras a Él. Pídele que te llame como hizo con los discípulos: pidiéndote que lo sigas y guiándote directamente a su voluntad.

¿Cómo puedes participar de manera eficaz en la voluntad de Dios?

Bondad en la espera

Bueno es el Señor con quienes esperan en él,
con todos los que lo buscan.
Bueno es esperar calladamente
la salvación del Señor.

LAMENTACIONES 3:25-26

¿Alguna vez te has sentido espectadora viendo los «fueron felices para siempre» de los demás mientras te preguntabas si el tuyo llegaría algún día? A veces parece que todos los demás tienen vidas perfectas mientras la tuya es un caos.

Esperar es difícil de por sí, y cuando ves que los demás te adelantan, todavía lo es más. Pero Dios promete bondad para todos aquellos que tienen que esperar. Si decides buscar al Señor mientras esperas, Él se revelará a ti de formas que nunca podrías haber visto en otras circunstancias.

¿Para qué cosa estás esperando en Dios ahora mismo?

La esencia de la gracia

No prestes atención a todo lo que se dice
y así no oirás cuando tu siervo hable mal de ti,
aunque bien sabes que muchas veces también
tú has hablado mal de otros.

ECLESIASTÉS 7:21-22

Saber que alguien dijo algo malo de ti a tus espaldas es horrible. Te gustaría haber tenido la oportunidad de defenderte de un ataque tan injusto, pero en lugar de enojarte rápidamente, piensa si tú has dicho alguna vez algo negativo de alguien en el fragor del momento.

Cuando reconocemos nuestros propios errores, nos liberamos para poder perdonar hasta al ofensor más insensible. Es en esos momentos cuando nos encontramos cara a cara con la esencia de la gracia, entendiendo la profundidad de su alcance y la extensión de su valor.

¿Cuál es tu definición de gracia?

Julio

De esta manera, el amor alcanza su plenitud en nosotros, y así podremos estar seguros en el día del juicio. Tenemos esa confianza porque como Jesús es, así somos nosotros en este mundo.

1 Juan 4:17 PDT

Simplemente escucha

Pasado el terremoto hubo un incendio, pero el Señor no estaba en el incendio. Y después del incendio hubo un suave susurro.

1 REYES 19:12 NTV

En ocasiones se dice que los huracanes, tornados, tsunamis y demás son actos de Dios. Esto significa que esos hechos están fuera del control humano, pero la expresión puede confundirnos con respecto a Dios y cómo hace su obra.

Elías sabía exactamente dónde encontrar a Dios. Después de que se le dijo que esperara en una cueva hasta que la presencia de Dios llegara, esperó en medio de un viento recio, un terremoto y un fuego abrasador. Pero solo sintió la presencia de Dios después de todo eso, cuando escuchó un susurro suave y apacible. Entonces salió a encontrarse con Él.

Escucha ahora a Dios.
¿Qué te está diciendo?

Un corazón generoso

El que es generoso prospera;
el que reanima a otros será reanimado.

PROVERBIOS 11:25

A primera vista, este versículo parece sugerir que debemos dar para poder recibir. Pero, si observamos más detenidamente, veremos más allá. Piensa en un niño que parte una galleta en pedazos, a regañadientes, y después compara el tamaño de los pedazos para darle a otro el más pequeño con el ceño fruncido. Está claro que el dador no fue reanimado por medio de esta transacción.

Dar es una acción, pero la generosidad es una condición del corazón. Solamente un corazón generoso se reanima cuando da, y es este tipo de corazón generoso el que nuestro Padre espera impacientemente para bendecir.

¿De qué maneras eres generosa en tu día a día?

Cimiento seguro

En aquel día, él será tu cimiento seguro,
y te proveerá de una abundante reserva
de salvación, sabiduría y conocimiento;
el temor del SEÑOR será tu tesoro.

ISAÍAS 33:6 NTV

Piensa en un momento en el que estabas llena de temor. ¿Qué te hacía sentir insegura? Ya sea por peligro físico o inseguridad emocional, no debes dejar que el miedo se apodere de ti nunca más.

El temor del Señor, que es mostrar reverencia por todo lo que Él es y todo lo que ha hecho, debe sustituir a todo temor. Una vez que has sido salva por la gracia de Dios, lo conoces y entiendes el cimiento sobre el que estás, no hay poder en esta tierra que pueda hacerte temblar. Estás a salvo; eres suya.

¿Qué viene a tu mente cuando piensas que Dios es tu «cimiento seguro»?

Verdaderamente libre

Desde mi angustia clamé al SEÑOR
y él respondió dándome libertad.

SALMOS 118:5

En este día se celebra la libertad en todos los Estados Unidos. A primera vista, pudiera parecer que estas reuniones son solo para disfrutar de la libertad de encender fuegos artificiales, comer tarta de frutos del bosque, y degustar la ensalada de papa de la tía María. Pero, si miramos más allá, encontraremos una oportunidad para la adoración verdadera.

Cuando te seques esa lagrimilla durante el himno nacional, piensa en lo que realmente significa tu libertad; no solo como ciudadana natural, sino también como hija adoptiva del Todopoderoso.

¿Cómo puedes agradecerle a Dios que te haya liberado del temor, el pecado y la muerte?

Para su gloria

«Cualquier cosa que ustedes pidan en mi nombre, yo la haré; así será glorificado el Padre en el Hijo».

JUAN 14:13

Tienes el poder de Cristo en tu boca. ¿Qué significa esto para ti? ¿Y cómo concilias esta verdad increíble con las oraciones que parecen no recibir respuesta?

Él promete hacer cualquier cosa que pidamos en su nombre, para glorificar al Padre. Jesús ve mucho más allá del día de hoy. Tal vez, en algunas ocasiones necesitamos recibir una respuesta diferente a un «sí» para glorificar a Dios, por muy sincera que sea la actitud de nuestro corazón y muy noble que sea nuestra petición.

¿A qué cosas te ha dicho Dios no últimamente?

No hay plan B

Mi victoria y mi honor provienen solamente de Dios; él es mi refugio, una roca donde ningún enemigo puede alcanzarme.

SALMOS 62:7 NTV

Cuando los estudiantes envían aplicaciones a las universidades se les aconseja tener, aparte de su primera opción (el lugar al que quieren asistir realmente), una universidad de respaldo; un plan B. No es lo ideal, pero casi seguro que funcionará.

En los asuntos de fe, Dios es la única fuente de nuestra seguridad y nuestro único medio para alcanzar la victoria. La buena noticia es que, si somos realmente suyas, no necesitamos un plan B.

¿Cuál es tu plan B?

En la luz

Porque contigo está el manantial de la vida;
En tu luz veremos la luz.

SALMOS 36:9 RVR-60

¿Cómo le explicarías a una persona ciega lo que es el color? ¿Qué es el azul y qué lo diferencia del rojo, morado o verde? Para entender el color rosa, tienes que haberlo experimentado.

Lo mismo ocurre con la bondad, el amor y la luz. Para poder reconocerlos debemos conocerlos, y para conocerlos debemos conocer al Padre. Él es la única y verdadera fuente de toda luz y todo aquello que es bueno.

¿Qué evidencia de la luz de Dios ves a tu alrededor?

La paz es mía

Que el Señor de paz les conceda su paz siempre
y en todas las circunstancias.

2 TESALONICENSES 3:16

Piensa en un momento en el que tu vida era absolutamente perfecta. ¿Cuánto duró? Ya sea un momento, una hora o incluso varios días, con el tiempo el brillo se desvaneció y la vida real volvió a tomar su lugar. Aquí en la tierra, las cosas nunca serán perfectas.

¡Esta es la razón por la que la paz del Señor es un tesoro tan valioso! Jesús ha vencido al mundo, así que cuando le damos nuestros corazones, su paz forma una barrera entre nosotras y todo lo que nos podría robar el gozo.

¿Te has alejado de la paz de Dios?
¿Cómo puedes acercarte de nuevo?

El mejor día de tu vida

Un solo día en tus atrios
¡es mejor que mil en cualquier otro lugar!
Prefiero ser un portero en la casa de mi Dios
que vivir la buena vida en la casa de los perversos.

SALMOS 84:10 NTV

Recuerda el mejor día de tu vida. ¿Darías casi tres años de tu vida por ese precioso recuerdo (es decir, vivir por ejemplo hasta los 85 en lugar de hasta los 88)? Ahora multiplica la grandeza de ese día maravilloso por el infinito; imagina un día en la presencia de Dios. ¿Cuántos días comunes y corrientes valdría eso?

Responde a la siguiente pregunta después de pensar detenidamente: ¿preferirías ser pobre pero estar rodeada de personas llenas de amor e integridad, o ser rica entre aquellos que comprometen la moralidad y la bondad para cumplir sus metas?

¿En qué sentido estás viviendo una vida que refleja tu deseo por Dios?

Sufrimiento

Pues a ustedes se les dio no solo el privilegio de confiar en Cristo sino también el privilegio de sufrir por él.

FILIPENSES 1:29 NTV

El sufrimiento no es agradable, la propia definición de la palabra lo dice. Sin embargo, como creyentes se nos dice que tenemos el privilegio de sufrir por Cristo. ¿El sufrimiento es una bendición? ¿Algo que deberíamos desear?

Piensa en lo que Cristo sufrió por nosotros. Es difícil, ¿no es así? Sin embargo, si nos colocamos voluntariamente en situaciones difíciles o dolorosas en su nombre, nos acercaremos un poco más a Él. Experimentar dolor al buscarlo es conocer más de su corazón; eso sí que es un privilegio.

¿Por qué cosas estás sufriendo ahora mismo?
¿Sientes la paz de Dios?

Perfecta paz

¡Tú guardarás en perfecta paz
a todos los que confían en ti,
a todos los que concentran en ti sus pensamientos!

ISAÍAS 26:3 NTV

¿Qué te roba la paz? Los pensamientos acerca de las facturas que no pagaste, diagnósticos no favorables y sueños sin cumplir llegan repentinamente, amenazando la seguridad que sentimos bajo la protección de nuestro Señor. Pero no tienen por qué hacerlo.

Estas palabras de Isaías no son un trato: si nosotros hacemos esto, Él hará aquello. Son una observación. Cuando confiamos plenamente en Dios y mantenemos nuestras mentes enfocadas en Él, la paz llega de forma natural. Como Él es perfecto, confiar en Él solo puede darnos paz perfecta. Los pensamientos que están concentrados en Él están en calma.

Cuando confías en Dios, ¿a qué le podrías temer?

Brazos fuertes

El Dios eterno es tu refugio;
por siempre te sostiene entre sus brazos.

DEUTERONOMIO 33:27

En la comedia es bastante común ver a algún personaje apoyarse sobre una superficie inestable para luego caerse, dándose cuenta de que no había puesto su confianza en un lugar seguro. Lo que parecía una pared era en realidad una puerta giratoria. La caída es estrepitosa, y nosotros nos reímos.

Sin embargo, cuando somos nosotras las que nos caemos, ya no es tan chistoso. Dios quiere que nos apoyemos únicamente sobre superficies sólidas, y por eso somos llamadas a confiar en Él con todo nuestro corazón. La popularidad, el éxito financiero, el conocimiento e incluso las relaciones son al final tan solo puertas giratorias.

¿Cómo puedes confiar en los tiempos, el plan y la provisión de Dios por encima de todo?

Como una niña

«Les aseguro que el que no reciba el reino de Dios como un niño, de ninguna manera entrará en él».

MARCOS 10:15

Date un respiro del calor de julio e imagínate la mañana de Navidad: los niños corriendo para bajar las escaleras y rompiendo con ilusión el papel que envuelve los regalos. Cada regalo provoca una nueva exclamación de gratitud y alegría. Cada decoración brillante está llena de asombro.

Jesús nos dice que esa es la única forma de recibir el reino de Dios. Como los niños la mañana de Navidad, debemos ser capaces de experimentar asombro, entusiasmo y gratitud. ¿Cómo va esto en tu vida? ¿Necesitas ayuda para recibir libremente sus regalos?

¿Cómo puedes ser más como una niña a la hora de recibir el reino de Dios?

Por sus heridas

Él fue traspasado por nuestras rebeliones
y molido por nuestras iniquidades.
Sobre él recayó el castigo, precio de nuestra paz
y gracias a sus heridas fuimos sanados.

ISAÍAS 53:5

«¡No me puedo creer que hayas hecho eso por mí!». Hay pocas cosas que nos hagan sentir más amadas que el hecho de que alguien haya sufrido por nosotras. ¿Cuánto nos amará Jesús entonces?

Ningún sufrimiento llegaría a ser un intercambio justo por el pecado de todo el mundo, pero su dolor fue esencial. ¿Por qué? Para que nosotras sintiéramos el peso. El peso de nuestro pecado y el peso de su gran amor.

¿Cómo puedes aceptar la sanidad que Dios te ofrece a través de su amor precioso y perfecto?

Renovación

Ustedes estaban muertos a causa de sus pecados y porque aún no les habían quitado la naturaleza pecaminosa. Entonces Dios les dio vida con Cristo al perdonar todos nuestros pecados.

COLOSENSES 2:13 NTV

Como nuevas cristianas, es fácil pensar ingenuamente que la transformación es permanente. Somos suyas; por lo tanto, hemos cambiado. Esto es cierto, pero hay más.

Mientras sigamos aquí, enfrentaremos tentación del mundo. La renovación es un proceso constante. Cada vez que nos demos cuenta de que nos estamos conformando, debemos transformarnos de nuevo; renovarnos. Qué bendición es saber que podemos hacerlo una y otra vez.

¿Qué aspectos de tus pensamientos deben renovarse?

Profundamente auténtica

«Dejen que los niños vengan a mí; no se lo impidan, porque el reino de Dios es de quienes son como ellos».

MARCOS 10:14

Jesús amó a los niños. La Biblia no tiene muchas historias de Él con niños, pero las que tenemos lo dejan muy claro: los niños eran muy especiales para Jesús.

¿Por qué? Los niños son capaces de ser ellos mismos. Sin maquinaciones. Tal vez era por esta autenticidad. O a lo mejor lo que cautivó su corazón fue su absoluta dependencia.

¿De qué maneras reconoces que necesitas a Dios?

Comienza aquí

La sabiduría es lo primero.
¡Adquiere sabiduría!
Por sobre todas las posesiones,
adquiere discernimiento.

PROVERBIOS 4:7

Ojalá todas las instrucciones fueran tan claras. ¿Sabes cuál es el primer paso del camino hacia la sabiduría? Entender cuán importante es. El discernimiento vale más que cualquier otra cosa que podamos tener; según este versículo, no hay nada más importante.

Dejemos que esto se asimile por un momento. Sin un discernimiento verdadero, todo lo que consigamos podría no ser lo correcto. Independientemente de cuán exitosas o felices seamos o del bien que hagamos, si no la «adquirimos», podríamos perdernos el ser parte de su plan; y ese precio es demasiado alto.

¿Cómo buscas sabiduría?

Amor asombroso

No, porque yo castigaré siete veces a cualquiera que te mate.
Entonces el Señor le puso una marca a Caín
como advertencia para cualquiera que intentara matarlo.

GÉNESIS 4:15 NTV

Esto es lo que Dios le dijo a Caín. Sí, Caín el asesino. Acababa de exiliarlo por su crimen, pero también le dio protección.

El amor de Dios por nosotras y su capacidad de perdonarnos no conoce límites. Cualquiera que matara a Caín recibiría un castigo siete veces peor que el que recibió el propio Caín por matar a su hermano. Eso es amor. ¡Y ese es el Dios al que servimos!

¿Hasta dónde llegaría Dios para protegerte?

Tribulaciones

Lleno estoy de consolación; sobreabundo de gozo en todas nuestras tribulaciones.

2 CORINTIOS 7:4 RVR-60

Imagina estar en la cárcel. Ahora imagínate a ti misma llena de gozo en una cárcel. ¿Qué tendría que pasar? ¿De verdad puedes visualizarlo? Por nosotras mismas sería imposible. Las circunstancias sencillamente no lo permitirían. Pero no estamos solas.

El apóstol Pablo ejemplifica muchos atributos cristianos, pero tal vez el que demuestra con más intensidad es el gozo. El gozo es tener felicidad independientemente de las circunstancias; paz intocable. Pablo lo tenía, y tú también puedes tenerlo.

¿Cómo puedes tener gozo en medio de tus tribulaciones?

Busca su rostro

Buscad al Señor y su fortaleza;
buscad su rostro continuamente.

SALMOS 105:4 LBLA

Cuando tenemos que encontrar a alguien entre una multitud, escaneamos todas las caras buscando sus rasgos que nos resultan familiares. Cuando encontramos a esa persona, sentimos el alivio y la alegría de ver una cara conocida.

Esta es la forma en que el Señor quiere que lo busquemos. No desea que solo estemos con Él o hablemos, sino también cercanía e intimidad. «Busca mi rostro», dice. No solo el perdón u oraciones contestadas, sino una conexión real y cara a cara.

¿Cómo puedes cambiar tu enfoque de buscar cosas a buscar a Dios?

Totalmente comprometida

Pero el Señor es fiel; él los fortalecerá
y los protegerá del maligno.

2 TESALONICENSES 3:3 NTV

Los amigos fieles no te traicionan nunca. Un perro fiel está siempre a tu lado. Un cónyuge fiel solo se fija en ti.

El Señor es fiel. Deja que esta verdad increíble te fortalezca y te sostenga cuando enfrentes lo que sea que el enemigo haya preparado hoy. Dios nunca te traicionará; el Creador del universo nunca se aleja de tu lado. Jesús nunca escogerá a otro antes que a ti.

¿Cómo puedes obtener fortaleza del manantial de la fidelidad de Dios?

Refúgiate

Pero que se alegren todos los que en ti buscan refugio;
¡que canten siempre jubilosos!
Extiéndeles tu protección y que en ti se regocijen
todos los que aman tu nombre.

SALMOS 5:11

El calor del verano a veces trae consigo tormentas de verano. Si un tornado se acercara, buscarías protección. Te agacharías bajo algo fuerte y firme.

El Señor quiere ser tu refugio de las tormentas de la vida. Él nos pide que nos humillemos (que nos agachemos) ante Él y nos refugiemos en sus brazos fuertes. La recompensa no es solamente protección, ¡sino también canciones llenas de júbilo!

¿Qué tormentas están intentando robarte el gozo?

Amor que permanece

Sácianos de tu gran amor por la mañana,
y toda nuestra vida cantaremos de alegría.

SALMOS 90:14

Piensa en un nuevo amor, donde la novedad y el entusiasmo son casi abrumadores. Ya sea un romance, una mascota nueva o incluso un nuevo plan de entrenamiento, ese sentimiento podría echar raíces o no.

Asegurémonos de estar arraigadas en nuestra relación con Jesús. El gozo de descubrirlo a Él, ¿ha dado lugar al gozo más profundo de conocerlo y caminar con Él cada día?

¿Cómo puedes permanecer en el amor de Dios hoy?

Expuesta

No hay nada en toda la creación que esté oculto a Dios.
Todo está desnudo y expuesto ante sus ojos;
y es a él a quien rendimos cuentas.

HEBREOS 4:13 NTV

Cuando vemos fotos familiares antiguas, inevitablemente llegamos a las fotos de «desnudo y orgulloso». Bebés y niños pequeños completamente expuestos y totalmente orgullosos de sí mismos. Son fotos preciosas que nos cautivan.

La mayoría de nosotras ha conocido a un niño así. Algunas de nosotras lo éramos. Piensa en esta verdad increíble: para Dios sigues siendo esa niña. No hay absolutamente nada de ti que Él no vea y no sepa, y piensa que eres tan preciosa como un bebé en una bañera.

¿Cómo crees que te ve Dios?

Amistad

No abandones a tu amigo ni al amigo de tu padre;
ni vayas a la casa de tu hermano el día
que tengas una desgracia.
Más vale vecino cercano que hermano distante.

PROVERBIOS 27:10

Hablamos mucho de la importancia de la familia, pero la Biblia deja claro que también debemos compartir la vida con amigos. Esas personas están contigo simplemente por quién eres. ¡Qué regalo más precioso y maravilloso!

Amistades de amor y compromiso con personas de nuestra comunidad son parte del plan de Dios, y también su regalo para nosotras. Cuida y alimenta esas relaciones, y sé la clase de amiga que otras personas buscan en momentos de necesidad.

¿Por qué amigas y amigos puedes dar gracias a Dios hoy?

Anhelos del corazón

SEÑOR, de todo corazón quiero conversar contigo
y aquí estoy para adorarte.

SALMOS 27:8 PDT

Cuando batallamos con tomar una decisión importante, suelen aconsejarnos que escuchemos a nuestro corazón. La base de este consejo es que ya sabemos lo que debemos hacer; cuando nos enfoquemos en nuestros anhelos, encontraremos la respuesta.

Cuando el Espíritu Santo es parte activa de tu vida, a menudo tu corazón te apuntará a Dios. Tanto en momentos de necesidad como de gozo, escucha tu corazón y adora a tu Dios.

¿Qué anhela tu corazón en este momento?

Hogar

«Y si me voy y se lo preparo, vendré para llevármelos conmigo. Así ustedes estarán donde yo esté».

JUAN 14:3

¿Dónde está el hogar? Para algunas personas, el lugar del que procedemos siempre será el hogar. Otras hemos encontrado o creado un espacio nuevo al que llamar hogar; uno que hemos escogido. Tal vez para ti ni siquiera es un lugar, sino una sensación que tienes con algunas personas.

Independientemente del lugar en el que nos sintamos en casa aquí en la tierra, el Señor quiere que recordemos que nuestra verdadero hogar está en el cielo, con Él. Esos sentimientos pasajeros de seguridad y perfección son pasajeros por esa razón: tú eres ciudadana del cielo.

¿Dónde está tu hogar?

Perdida

Cual oveja perdida me he extraviado;
ven en busca de tu siervo,
porque no he olvidado tus mandamientos.

SALMOS 119:176

La llegada del GPS y los teléfonos inteligentes ha hecho que cada vez sea menos frecuente perderse, pero de vez en cuando puede pasarnos. Cuando no reconocemos nuestros alrededores y no tenemos a nadie a quien seguir, nuestra única opción es pedir ayuda.

En nuestro caminar de fe también podemos perder de vista la ruta y encontrarnos en la misma situación: perdidas. El remedio para la desorientación espiritual es el mismo: pide ayuda.

¿Cómo te encuentras a ti misma cuando te sientes perdida?

Vigilando

El SEÑOR cuidará tu salida y tu entrada,
desde ahora y para siempre.

SALMOS 121:8

Si alguna vez has estado en un parque con un niño pequeño, hay una cosa que seguramente sabes: no puedes quitarle los ojos de encima. En cada columpio y en cada tobogán hay peligro y también diversión. Los demás niños podrían ser amigos nuevos o podrían tirarle arena a la cara a tu pequeño. Tienes que estar ahí vigilando.

Tú eres esa niña pequeña para Dios. Tu Abba no te quita los ojos de encima en ningún momento. Él quiere que te columpies alto, que hagas amigos y que subas y bajes escaleras. Te harás algunos arañazos y moratones, pero estarás bien, porque Él está contigo.

¿De qué maneras sientes que Dios te está cuidando hoy?

Preparada de antemano

Cuentas con una esperanza futura,
la cual no será destruida.

PROVERBIOS 23:18

Dios te creó. Te hizo cuidadosamente e intencionalmente, y sabía perfectamente lo que estaba haciendo y por qué. Incluso los deseos de tu corazón están puestos ahí con un motivo: para guiarte hacia el plan de Dios para tu vida.

La próxima vez que dudes de tu valía, recuerda estas palabras. La próxima vez que te cuestiones tu propósito, piensa en tus pasiones. ¿Qué cosas maravillosas preparó Él de antemano para que hagas?

¿Qué es lo que más te hace dudar de tus habilidades? ¿Puedes confiar en que Dios ha preparado cosas maravillosas para ti?

Todo para bien

Ustedes se propusieron hacerme mal, pero Dios dispuso todo para bien. Él me puso en este cargo para que yo pudiera salvar la vida de muchas personas.

GÉNESIS 50:20 NTV

No nos gusta pensar en esto, pero a veces tenemos que pasar por cosas terribles para convertirnos en la persona que Dios quiere que seamos. No siempre somos capaces de ver más allá del «ahora», especialmente cuando estamos atravesando una situación difícil, para darnos cuenta de que en lugar de ser cosas que nos están pasando, nuestras circunstancias nos están llevado a donde tenemos que estar.

Incluso en medio de la tragedia más horrible, el Señor nos guía, nos sostiene y nos moldea para que seamos como debemos ser. Dentro del plan perfecto de Dios, incluso el pecado de otras personas en contra nuestra puede ser usado para bien.

¿De qué maneras ha hecho Dios que tu vida sea preciosa?

Agosto

Digan a los de corazón temeroso:
«Sean fuertes y no teman,
porque su Dios viene para destruir
a sus enemigos;
viene para salvarlos».

Isaías 35:4 NTV

Hacia las montañas

Levanto la vista hacia las montañas;
¿viene de allí mi ayuda? ¡Mi ayuda viene del Señor,
quien hizo el cielo y la tierra!

SALMOS 121:1-2

Parecería que el salmista habla de una tendencia que todas tenemos: buscar ayuda en otro lugar que no es Dios. Podríamos incluso mirar a entidades grandiosas y prometedoras como una montaña. Cuando alguien está desesperado por obtener fortaleza, sus ojos pueden mirar alrededor frenéticamente buscando algo, cualquier cosa, que le ofrezca ayuda.

¿Has mirado a las montañas? ¿Te ofrecieron algo? ¿Te salvaron o te fortalecieron? El salmista responde de inmediato esa pregunta: la ayuda viene del Señor. Y, entonces, pasa a explicar por qué el Señor es más supremo que una montaña: Él es el creador de la montaña. Y Él es el creador del cielo y la tierra. No mires a lo creado; mira al Creador para obtener ayuda. No quedarás necesitada.

¿Dónde encuentras tu ayuda?

Busca y encontrarás

«Sigan pidiendo y recibirán lo que piden;
sigan buscando y encontrarán; sigan llamando,
y la puerta se les abrirá».

LUCAS 11:9 NTV

¿Has buscado alguna vez algo sin tener ninguna garantía de recibir un retorno? Tal vez participaste en un concurso de búsqueda del huevo de Pascua cuando eras niña y terminaste con las manos vacías, o te subiste a un barco con la esperanza de ver ballenas, pero regresaste a puerto solamente con la vista de las olas golpeando contra el barco. Somos propensas a buscar muchos premios, pero pocas búsquedas del tesoro garantizarán algún retorno de tu dinero o tu tiempo.

Hay una búsqueda del tesoro que puedes garantizar que te satisfará. Busca a Dios y lo encontrarás. Él lo promete en su Palabra. Puedes saber con certeza que cualquier inversión que hagas en buscarlo a Él será recompensada.

¿Cómo puedes acercarte a Dios con confianza para encontrar ayuda en tu momento de necesidad?

Deposita

Depositen en él toda ansiedad,
porque él cuida de ustedes.

1 PEDRO 5:7

Somos llamadas a hacer algo que es totalmente antinatural. ¿Depositar nuestras ansiedades en el Señor? ¡Vaya palabra! ¿Has estado ansiosa alguna vez? ¿Has estado paralizada por el temor? ¿Qué deberíamos hacer como hijas de Dios? Su consejo es sencillo. Depositarlo en Él.

Depositar significa lanzar agresivamente. Algunas veces nos convertimos habitualmente en personas ansiosas, enfrentando cada prueba con temor y no con nuestra paz prometida. Al entrenarte a ti misma para ser una «depositadora» de ansiedad y no alguien que la acumula, disfrutarás de libertad abundante que anteriormente solo habías deseado.

¿Cómo puedes romper el hábito de la ansiedad y aprender a disfrutar la libertad que Dios te da?

Librada del temor

Busqué al Señor y él me respondió;
me libró de todos mis temores.

SALMOS 34:4

Por diversos motivos, muchas de nosotras crecemos con ciertos temores en nuestro corazón. Con frecuencia el temor no está justificado, pero en ocasiones se basa en circunstancias trágicas. Cuando las semillas del temor penetran en nuestro corazón, pueden convertirse en árboles gigantescos de conductas debilitantes que nos paralizan para no actuar con normalidad.

Gracias al Señor porque tenemos un defensor que tiene el poder de demoler toda fortaleza y temor que nos haya atenazado. La sencilla fórmula para tener acceso al poder de nuestro libertador es buscarlo. La tarea de Dios es librar; nuestra tarea es buscar. Buscar requiere perseverancia y aguante, pero a medida que lo hacemos, podemos descansar en la promesa de su Palabra de que ciertamente Él nos librará de todos nuestros temores.

¿Qué significa perseverar en buscar a Dios y confiar en Él para sanidad?

Talentos enterrados

«Porque a todo el que tiene se le dará más y tendrá en abundancia. Al que no tiene hasta lo que tiene se le quitará».

MATEO 25:29

Dios, en su plan bien ejecutado, otorgó talentos a sus hijos e hijas. En Mateo 25:15 tenemos una pequeña vislumbre de su propósito al poner en cada una de nosotras talentos únicos. Solamente Dios decide cuántos talentos nos otorgará. Estos talentos se nos dan por su misericordia y en realidad no son para nuestro propio beneficio; deben ser una bendición para otros.

¿Es la idea de ejercitar tus talentos tan abrumadora en tu calendario ya frenético que has decidido enterrarlos? Los talentos enterrados no hacen ningún bien a nadie. Ejercitar esos talentos realmente será transformador para ti misma.

¿Cómo eres creada para servir?

Espinas

Para evitar que me volviera presumido…
una espina me fue clavada en el cuerpo…
Tres veces rogué al Señor que me la quitara.

2 CORINTIOS 12:7-8

¿Te gustaría tener buenas noticias hoy? Todos los hijos y las hijas de Dios son profundamente imperfectos. Además de ser imperfectos, todas tenemos debilidades que nos asolan. Muchas de esas debilidades podemos manejarlas y otras, mediante el poder de Dios, realmente pueden ser sanadas. Pero ten por seguro que las debilidades no se irán por completo. Cuando una de ellas es conquistada, con frecuencia descubrirás que otra sale a la luz. Son parte de la humanidad.

¿Cuál es tu espina? ¿En qué área batallas continuamente? Pablo, el gran héroe de la fe, también batallaba con una debilidad que lo asolaba. Dios quiere que sigamos siendo débiles para poder ser fuertes en Él. Somos forzadas a mantenernos en el lugar de humildad, aferrándonos a Dios para obtener fortaleza y consuelo.

¿Cuál es la espina en tu carne?
¿Sigues pidiendo a Dios que la quite?

Verdadera fuerza

Pido en oración que, de sus gloriosos e inagotables recursos, los fortalezca con poder en el ser interior por medio de su Espíritu. Entonces Cristo habitará en el corazón de ustedes a medida que confíen en él.
Echarán raíces profundas en el amor de Dios, y ellas los mantendrán fuertes.

EFESIOS 3:16-17 NTV

¿Sabes hoy que Dios no te ha pedido que seas fuerte? No oirás eso en televisión, en las revistas o en las redes sociales. Dios no te hizo para ser un modelo de tu fuerza para otros; sin embargo, te hizo para que seas un modelo de su fuerza.

Hay una gran diferencia entre ser fuertes en nuestro propio poder y ser fuertes en el poder de Dios. La clave de la fortaleza en Dios comienza con reconocer nuestras profundas debilidades. Cuando nos apropiamos de nuestra debilidad, es un acto de humildad. Dios nunca nos pide que seamos fuertes; quiere que dependamos de Él. Alguien que es humilde y dependiente obtiene el regalo de la fortaleza sobrenatural de Dios.

¿Puedes encontrar la fortaleza de Dios en tu debilidad?

Extravagancia

Sucederá que en los últimos días —dice Dios—, derramaré mi Espíritu sobre todo ser humano.

HECHOS 2:17

Algunas veces, las ayudas visuales nos ayudan a comprender un concepto que de otro modo quedaría perdido. ¿Derramaste algo esta mañana? Leche sobre cereales, agua sobre plantas, leche en el café, o agua del baño sobre la cabeza de un niño? Derramar es muy diferente a echar gotas. Es más que un pequeño chorro de líquido. Derramar indica que algo sale a borbotones de una fuente. Es un despliegue que satura.

Dios utiliza la misma terminología de lo que Él hace cuando da su Espíritu. Dice que lo derrama. Dios sabe que no necesitas solamente unas gotas o un chorro de su Espíritu. Él se deleita en derramar sobre ti más de sí mismo cuando pides y esperas. Es su deleite y su regalo para ti; y nunca se agotará.

¿Cuándo has sentido la extravagancia de Dios?

Oír la verdad

«Pero cuando venga el Espíritu de la verdad, él los guiará a toda la verdad».

JUAN 16:13

¿Sigues una dieta regular de oír la verdad en tu vida? Nos guste o no, cada una de nosotras en diversos grados oímos constantemente sabiduría que no proviene de Dios. El mundo no te aconsejará en los caminos de Dios; te instará a que aborrezcas tu cuerpo, guardes rencor, y aceptes todo pecado bajo el sol. Estos mensajes se declararán con fuerza.

Es de la máxima importancia oír, leer y meditar regularmente en la verdad. No siempre será natural recordar o creer, de modo que es fundamental que renovemos diariamente con ella nuestra mente y nuestro espíritu.

¿En qué áreas necesitas pensar menos como el mundo y más como Dios?

Un alma anclada

Así experimentarán la paz de Dios, que supera todo lo que podemos entender. La paz de Dios cuidará su corazón y su mente mientras vivan en Cristo Jesús.

FILIPENSES 4:7 NTV

Sin importar cuán incierto pueda ser tu futuro o cuán confusas tus circunstancias, tu vida está establecida firmemente en la fidelidad de Dios. Nada puede sacudirte cuando tu eternidad está asegurada.

La paz que está a disposición del corazón de un creyente está por encima de nuestra comprensión humana. Cuando tenemos la paz de Cristo, no podemos ser sacudidas hasta lo más profundo. Podemos sentirnos abrumadas, y puede que incluso comencemos a perder nuestra fe, pero en lo profundo de nosotras, nuestra alma está anclada y no puede ser movida.

¿Cómo permites que la paz de Dios guarde tu corazón?

Toques finales

Puestos los ojos en Jesús, el autor y consumador de la fe.

HEBREOS 12:2 LBLA

¿Has visto alguna vez a un artista pintar un cuadro? El artista comienza con un lienzo en blanco que está a la espera de ser transformado en una obra de arte. Mientras observas, en diferentes momentos parece como si el cuadro pudiera estar terminado; sin embargo, en los últimos momentos el artista aplica los detalles finales y colores extra que hacen que el cuadro esté totalmente terminado.

Dios es también alguien que termina o consuma. Nuestra fe comienza con Dios como el autor. A medida que caminamos con Él, nos encontramos creyendo que, cuando Él pone en movimiento la pelota, nos corresponde a nosotras terminar la tarea. Gracias al Señor, porque Él declara que es su responsabilidad no solo ser el autor de nuestra fe, sino también consumarla o terminarla. ¡No te alejes antes de que Él haya terminado! Esos toques finales pueden formar una obra maestra preciosa.

¿Qué estás esperando que Dios complete en ti?

Simplemente corre

Despojémonos también de todo peso
y del pecado que tan fácilmente nos envuelve.

HEBREOS 12:1 LBLA

¿Has observado alguna vez el poder de quedar pegada que tiene una sabanita para secadora? Cuando la colada termina de secarse, con frecuencia la sabanita usada se queda pegada con tanta fuerza a la ropa, que parece que la han cosido. Sin embargo, simplemente tirar de una esquina de esa sabanita hará que se separe de la ropa.

La naturaleza del pecado es pegarse a nosotras y atenazarnos. Como una sabanita para secadora, el pecado no se alejará de nosotras así como así. Se requiere acción intencional para quitarlo o resistirlo; pero podemos conquistarlo. Si estás apartando casualmente el pecado en tu vida, tal vez sea el momento de adoptar un enfoque diferente. Quizá es momento de salir corriendo del pecado hacia la presencia de Dios.

¿Qué pecado intenta aferrarse a ti?
¿Puedes apartarlo y correr a la presencia de Dios?

Ciudadanía divina

Así Dios nos ha entregado sus preciosas y magníficas promesas para que ustedes, luego de escapar de la corrupción que hay en el mundo debido a los malos deseos, lleguen a tener parte en la naturaleza divina.

2 PEDRO 1:4

¿Recuerdas dónde estabas el 11 de septiembre de 2001? Desde el 7 de diciembre de 1941 en Pearl Harbor, no habíamos visto un ataque sobre tierra estadounidense. Claro que habíamos luchado en guerras desde esa fecha, pero las guerras eran siempre en otros países. El 11 de septiembre nos mostró que no éramos invencibles ante un ataque del enemigo; y nuestro epicentro del comercio podía ser profundamente sacudido.

Esta es una de las razones por las que es importante gozarnos en que no tenemos una única ciudadanía terrenal. Si hemos entregado nuestra vida a Dios, nos hemos convertido en ciudadanas de su reino. No sabemos lo que pasará en nuestro país, ni en todo el planeta, en los próximos cien años. Podrían llegar muchas más sacudidas, pero si nuestra esperanza no está establecida en nuestra nación terrenal, estaremos bien.

¿Cómo te sientes sobre tu ciudadanía en el reino divino de Dios?

El regalo de la canción

¡Alabado sea el Señor!
Canten al Señor una nueva canción;
canten sus alabanzas en la asamblea de los fieles.

SALMOS 149:1 NTV

Algunas de nosotras somos cantantes y otras no. Algunas han recibido una voz perfecta, y a otras nos avergüenza cantar con demasiada fuerza por temor a que quienes nos oyen sientan escalofríos. Sin considerar en qué campamento estés, Dios te sigue dando el regalo de la canción.

En toda la Escritura somos alentadas a cantar a Dios… una nueva canción. Él quiere que cantemos una canción que nadie haya compuesto, sino que surja de nuestro corazón al suyo. Cantar a Dios es un acto de adoración que deleita a Dios a pesar de cuál sea nuestra capacidad vocal.

Escribe una canción de adoración a Dios.

Palabras paternales

Porque eres precioso a mis ojos
y digno de honra, yo te amo.

ISAÍAS 43:4

Las palabras paternales tienen mucho poder. Si son inspiradoras, esas palabras nos ayudan a enfrentar nuestros mayores temores con fortaleza añadida. Sentimos que podemos enfrentarnos al mundo. Sin embargo, también puede ser cierto lo contrario. Si las palabras que oímos de nuestros padres estuvieron llenas de derrota y desaliento, podría ser difícil silenciar esas palabras cuando intentamos conquistar obstáculos.

Para una hija de Dios, hay una voz paternal que tiene más peso y poder que las de nuestros padres terrenales. Al nacer de su voluntad y no solo de la voluntad de nuestros padres, tenemos un padre verdaderamente supremo en Dios. Por lo tanto, recibe sus palabras de vida para ti. Has de saber que eres preciosa para tu Papá y que Él te ama.

¿Cómo ha sido influida tu perspectiva de Dios por la perspectiva de tus padres?

Limpia

Ustedes ya están limpios por la palabra que les he comunicado.

JUAN 15:3

Hay muchas opciones para intentar eliminar manchas de la ropa. Algunas saldrán con un simple lavado en la lavadora. Otras requieren un producto especial, y hay otras que pueden eliminarse al frotar la tela repetidamente. Sin embargo, ¿te encontraste alguna vez con una mancha que no se quitaba? Tras probarlo todo, tuviste que aceptar que la mancha estaba ahí para quedarse.

Como cristianas, podemos ser manchadas por el mundo mediante nuestro propio pecado. Muchas de nosotras intentamos usar todos los métodos bajo el sol para sentirnos limpias otra vez, pero la solución de Dios es sencilla. Cuando acudes a Él en arrepentimiento, Él mismo te limpiará.

¿Qué manchas quieres que se eliminen de tu vida?

Dificultades

La persona íntegra enfrenta muchas dificultades, pero el Señor llega al rescate en cada ocasión.

SALMOS 34:19 NTV

Jesús, sabiendo exactamente lo que sus discípulos necesitaban oír antes de que Él muriera, les dio muchos consejos. Sabía que ellos no entendían plenamente que Él estaba listo para sufrir. Quería asegurarse de que la teología de ellos aceptara que, incluso en la vida de un creyente (incluso en su propia vida) estaría incluido el sufrimiento y las dificultades. Ellos no serían inmunes a ello.

Sin duda que tendremos dificultades de muchos tipos, pero no deberíamos desmayar o sorprendernos por ellas. Dios no nos ha olvidado, ni nos ha abandonado. Simplemente es parte de vivir aquí en la tierra. Podríamos ver oscuramente ahora, pero Dios sí venció la maldad y veremos su obra completada en toda su gloria cuando estemos en su presencia.

¿Qué necesitas de Dios hoy?

Destellos

«Mi reino no es de este mundo».

JUAN 18:36

Si consumes una dieta regular de noticias en la noche, podría ser fácil que te deprimas. La maldad parece prevalecer, y se siguen cometiendo algunos de los crímenes más horrendos. Hay historias de corrupción en gobiernos y escuelas: instituciones que han de ser una fuerza estabilizadora en nuestras comunidades.

Jesús deja claro que no veremos su reino expresado plenamente aquí en la tierra. Él está edificando un reino que no puede ser conmovido, pero no es nuestro gobierno o nuestras actuales instituciones sociales. Podríamos ver destellos de piedad en esos lugares, pero no son su reino. Su reino llegará y nunca tendrá fin.

Anota tus pensamientos acerca del reino de Dios.

En el amor

Manténganse en el amor de Dios, mientras esperan que nuestro Señor Jesucristo, en su misericordia, los lleve a vida eterna.

JUDAS 1:21

Es una advertencia sencilla pero profunda: «manténganse en el amor de Dios». ¿Qué significa mantenerte en el amor de Dios? Tal vez es más fácil ver lo que no significa. Un corazón que no está en el amor de Dios es un corazón que acusa y está enojado. Cuando ve calamidad o sufrimiento, en lugar de confiar en que Dios sigue siendo amor, lo acusa de ser cruel y distante.

Nada deleita más a Dios que un corazón de fe que dice: «A pesar de lo que pueda ver o experimentar, sigo creyendo que tú eres un Dios de amor». Nuestra tentación será abandonar el amor de Dios cuando enfrentamos dificultades. Por eso se nos aconseja que nos mantengamos ahí, incluso si para hacerlo necesitamos todas nuestras fuerzas.

¿Cómo te mantienes en el amor de Dios?

Volvernos como niñas

«Les aseguro que a menos que ustedes cambien y se vuelvan como niños, no entrarán en el reino de los cielos».

MATEO 18:3

Gran parte de nuestra niñez la pasamos preparándonos para ser adultos. Nuestros padres no habrían hecho bien su trabajo si nos alentaran a seguir siendo niñas. En cambio, pasaron horas enseñándonos a ser personas adultas exitosas.

La tarea de Dios como nuestro Padre es diferente. En nuestro viaje espiritual no quiere que nos volvamos como adultos. Si lo hacemos, tenemos que luchar para volver a ser como niñas otra vez. ¿Qué hay en los niños que necesitamos volvernos como ellos en nuestra fe? Parecería ser su humildad. Los niños no son arrogantes ni autosuficientes: reciben felizmente provisión de sus padres. Dios nos llama a resistir las tendencias orgullosas, como las de los adultos, y someternos alegremente a su liderazgo y provisión.

¿Cómo puedes volverte como una niña en tu fe?

En nada se compara

De hecho, considero que en nada se comparan los sufrimientos actuales con la gloria que habrá de revelarse a nosotros.

ROMANOS 8:18

¿Estás sufriendo hoy? ¿Es esta una semana de sufrimiento, o toda una temporada? Los discípulos que han sido antes que nosotras, incluso quienes caminaron con Jesús mismo, sufrieron: algunos como mártires hasta la muerte, algunos viendo morir a sus seres queridos, y otros siendo apartados por sus familias a causa de su fe.

Pablo conocía el sufrimiento muy de cerca, de modo que sus palabras deberían darte un gran aliento. Nuestro sufrimiento actual ni siquiera puede compararse con la gloria que será revelada. Esa gloria de su reino venidero será tan gloriosa, que tu prueba actual palidecerá en comparación. Encuentra la valentía para seguir adelante, sabiendo que hay una gloria que sobrepasa con mucho a tu dolor actual.

¿Qué estás sufriendo en este momento?
¿Sientes esperanza cuando piensas en la eternidad?

Alégrate en las pruebas

También nos alegramos al enfrentar pruebas y dificultades porque sabemos que nos ayudan a desarrollar resistencia.

ROMANOS 5:3 NTV

Dios nos dice claramente que hay algo más que hacer en nuestros sufrimientos que sufrir. Él nos llama a alegrarnos. Por fortuna, de inmediato tenemos una imagen de aquello en lo que hemos de alegrarnos. Dios permite el sufrimiento por muchos motivos diferentes, la mayoría de los cuales no entenderemos necesariamente en este tiempo. Sin embargo, uno que podríamos captar con nuestra mente es que el sufrimiento produce algo bueno: resistencia. La resistencia es lo que nos permite avanzar más que antes.

Quienes resisten bien son quienes han sufrido bien. La resistencia aumenta mediante las pruebas y tribulaciones, no cuando las cosas son fáciles. No menospreciemos nuestras pruebas; demos gracias a Dios porque están produciendo una gran resistencia en nosotras que conducirá a tener carácter y esperanza.

¿Cómo puedes alegrarte en tu sufrimiento?

Cultiva la fidelidad

Confía en el Señor, y haz el bien;
habita en la tierra, y cultiva la fidelidad.

SALMOS 37:3 LBLA

La persona que confía en el Señor tiene una vida hermosa. Nuestra confianza en Él alivia todas las tensiones naturales de nuestra vida cotidiana. Podemos estar en paz sabiendo que Dios se ocupará fielmente de todas nuestras necesidades. Nuestra responsabilidad es hacer el bien en la tierra, descansar en Cristo, y disfrutar de la fidelidad de nuestro Padre celestial.

Simplemente debemos alimentarnos de su cuidado. Cuando meditamos en su fidelidad, nuestros estreses serán aliviados y entraremos en un estado de descanso que solamente el verdadero creyente puede conocer.

¿Qué oportunidades tienes de hacer el bien en la tierra?

No sin esperanza

Recibimos esa esperanza cuando fuimos salvos. (Si uno ya tiene algo, no necesita esperarlo; pero si deseamos algo que todavía no tenemos, debemos esperar con paciencia y confianza).

ROMANOS 8:24-25 NTV

Cuando decidiste entregar tu vida a Dios, lo hiciste en esperanza. Nadie entrega su vida a Dios sin esperar en nada. Esperas que la vida nueva que Él te da será mejor que tu vida actual. Esperas que algún día lo verás a Él cara a cara. Esperas que Él tomará tu vida y la usará para su gloria.

Tal como Pablo describe, para que verdaderamente esperemos algo no podemos poseerlo ya. Si lo tenemos, entonces no hay necesidad de esperarlo. La verdadera esperanza descansa en la creencia y la confianza en que algo sucederá. Eso no es necedad; es bíblico. ¿Te has cansado de esperar? Acércate a Dios otra vez, en la misma esperanza que tenías cuando fuiste salva por primera vez.

¿Para qué necesitas valentía hoy?

Intercesión continua

Entonces, ¿quién nos condenará? Nadie, porque Cristo Jesús murió por nosotros y resucitó por nosotros, y está sentado en el lugar de honor, a la derecha de Dios, e intercede por nosotros.

ROMANOS 8:34 NTV

¿Creciste con unos padres que oraban por ti? Algunas de las palabras más consoladoras que una niña puede oír son las oraciones de sus padres. No todas nosotras tuvimos padres que oraban; además, algunos de esos padres que antes oraban puede que estén ya en el cielo.

Recibe aliento. Todavía hay alguien que está orando. Tal vez tus padres terrenales no oran; está bien. Alguien a quien el Padre siempre escuchará hace intercesión continuamente por ti sentado a la derecha de Dios. Su nombre es Jesús, y tu nombre está escrito en la palma de su mano.

¿Acerca de qué crees que Jesús ora por ti delante del Padre?

Una fe fuerte

Así pues, la fe nace al oír el mensaje,
y el mensaje viene de la palabra de Cristo.

ROMANOS 10:17 DHH

¿Quiénes son tus héroes de la fe? ¿Cuáles son algunas de las distinciones que observas acerca de ellos? Las personas que tienen una fe profunda en Dios nos inspiran a todas. Nos recuerdan que ninguna prueba puede consumirnos, que Dios sigue estando ahí incluso cuando parezca distante. Parecen inamovibles en su caminar cuando nuestros pies los sentimos inestables.

¿De dónde viene la fe de ellos? Según este versículo, la fe nace en gran parte al oír la Palabra de Cristo. Es difícil creer en promesas que ni siquiera sabemos que existen. Es difícil confiar en los atributos y el carácter de Dios si nosotras mismas no los hemos visto en la Escritura. No renuncies a pasar tiempo en la Palabra de Dios. Tu fe crecerá al oírla y creerla.

¿Cómo viene la fe al oír la Palabra de Dios?

Cerca

El Señor está cerca de los quebrantados de corazón, y salva a los de espíritu abatido.

SALMOS 34:18

¿Has estado alguna vez quebrantada de corazón? ¿Qué fue lo que quebró tu corazón? ¿Fue una persona? ¿Una circunstancia que no pudiste cambiar? Estar quebrantada de corazón no es poca cosa. No es mero desaliento; es un dolor severo. Es un dolor del que es difícil recuperarse. Hay poco que se pueda hacer para quienes están quebrantados de corazón; y, algunas veces, los que están más cerca son apartados.

Hay alguien que puede acercarse a una persona quebrantada de corazón; alguien que no es apartado por el rechazo o la tristeza. Es una verdad maravillosa que el Señor está cerca de los quebrantados de corazón. No se mantiene alejado como otros podrían hacer, y solamente Él está plenamente capacitado para soportar tu dolor. ¿Estás quebrantada de corazón o intentando consolar a alguien que lo está? Acude a Dios. Él ya está más cerca de ti de lo que crees.

¿Cómo has visto a Dios moverse cuando tu corazón ha estado quebrantado?

Superhumana

Que él les dé el poder para llevar a cabo todas las cosas buenas que la fe los mueve a hacer.

2 TESALONICENSES 1:11 NTV

Dios no te pide que seas superhumana. Tal vez otros lo son. Quizá hay expectativas puestas sobre ti que son irrazonables o inalcanzables. En ese caso, por favor no te agotes intentando ser alguien que no puedes ser.

Dios te conoce. Él es tu creador y tu diseñador. No te dio un cuerpo indestructible como el de Él. Te formó del polvo y algún día volverás a ser polvo. Él sabe que eres débil de manera innata y que tu cuerpo fallará. Esto no debería desalentarte. Anímate en que Dios no espera que seas o actúes como Él. Él te dará algún día un cuerpo resucitado indestructible. Ahora, tu cuerpo regresará al polvo algún día. Esta es una verdad esperanzadora, porque te permite obtener tu fuerza de Aquel que es superhumano. Su fortaleza es tuya cuando confías en Él.

¿Por qué es importante no esforzarte para ser superhumana?

Amor grande

Tan grande es su amor por los que le temen
como alto es el cielo sobre la tierra.

SALMOS 103:11

Tomemos un momento para pensar en el amor grande. El amor grande es firme. No se ofende fácilmente. Puede soportar una increíble tensión relacional. Puede manejar la infidelidad. Ni siquiera abandonará cuando el receptor del amor se haya enfriado.

Eso es amor grande. Y es así como Dios describe su amor hacia sus hijos e hijas. Él promete fidelidad y amor fiel incluso cuando tú no le eres fiel. Si huyes de Él, cuando te arrepientes, Él está listo para aceptarte y derramar sobre ti más de su amor grande. No te cobrará por ello o te recordará tu debilidad. Él simplemente te fortalecerá.

¿Qué significan para ti las palabras amor grande?

Cosas inútiles

Aparta mis ojos de cosas inútiles
y dame vida mediante tu palabra.

SALMOS 119:37 NTV

¿Dicen tu nombre las redes sociales a lo largo de tu día? No hay duda de que pueden ser un regalo de Dios. Pueden darte un aliento que de otro modo no habrías visto. Pueden alertarte a una necesidad de oración que es urgente; y pueden recordarte el cumpleaños de un ser querido.

Tampoco hay que negar que pueden ser una pérdida de tiempo colosal. Hay cosas inútiles en todas nuestras redes sociales. No estamos solas en nuestra lucha para resistirnos a mirar esas cosas. Incluso en los tiempos antes de Cristo, las personas eran tentadas a malgastar su tiempo en cosas inútiles. Dios quiere que tengamos vida, y eso llega mientras andamos en sus caminos.

¿De qué cosas inútiles quieres alejarte?

No nos cansemos

No nos cansemos de hacer el bien, porque a su debido tiempo cosecharemos si no nos damos por vencidos.

GÁLATAS 6:9

Un principio probado por el tiempo es que cosechamos lo que sembramos. Aparte de cualquier agitación medioambiental, si plantas maíz cosecharás maíz. Si plantas semillas de soja cosecharás semillas de soja. Puedes sembrar con confianza espinacas y no preocuparte de que crezcan coliflores en su lugar. No crecerán coliflores, porque no sembraste semillas de coliflor.

Ese mismo principio se aplica a sembrar semillas de bondad. Si siembras semillas de bondad como perdón, amabilidad y honestidad, tienes garantizado que cosecharás el fruto de esas semillas. Hay un truco: no te des por vencida. No hagas planes de cosechar algo que acabas de sembrar. Tal vez verás fruto inmediatamente por las buenas semillas que plantaste, pero en la mayoría de los casos toma años. Ten la seguridad de que finalmente cosecharás las semillas de bondad si no te das por vencida.

¿Para qué necesitas la fortaleza de Dios en este día?

Septiembre

Pues Dios no nos ha dado un espíritu de timidez,
sino de poder, de amor y de dominio propio.

2 Timoteo 1:7

El pesado cesto

«Te he quitado la carga de los hombros;
tus manos se han librado del pesado cesto».

SALMOS 81:6

Las personas en países en desarrollo normalmente tienen pocas opciones cuando tienen que mover una carga pesada de algún tipo. En África, una mujer de una tribu puede cargar hasta el 70 por ciento de su peso corporal sobre su cabeza. Las cargas físicas son, sí, pesadas y requieren fuerza y resistencia.

Las cargas espirituales y emocionales son igual. La pesadez y la fatiga del alma pueden producir depresión e incluso pérdida de esperanza. Pero hay muy buenas noticias. Tenemos a un cargador de peso: alguien que está bien equipado y preparado para quitar nuestras manos de nuestra pesada carga. Nuestra responsabilidad es permitir que lo haga. Coloca todas tus preocupaciones, temores y dudas en el poderoso cesto de Dios y permite que Él se lo lleve. ¡No tienes que cargar con un cesto pesado!

¿Qué necesitas colocar hoy en el cesto de Dios?

No puede esconderse

«Ustedes son la luz del mundo. Una ciudad en lo alto de una montaña no puede esconderse».

MATEO 5:14

Las luces de grandes ciudades como Los Ángeles, Nashville y Atlanta pueden verse desde el espacio. De hecho, ¡su brillo aumenta un 50 por ciento más durante la temporada de festividades! Estas ciudades simplemente no pueden esconderse.

Como creyentes, debemos ser una luz que brilla para que todos la vean. Si hubo algún periodo en la historia en el que el faro de luz necesitaba iluminar la oscuridad, es ahora. No nos atrevamos a escondernos detrás de la fachada de la corrección política y el temor, sino en cambio hablemos y vivamos en el brillo de la verdad de Cristo. Tenemos la luz del mundo viviendo en nosotras y conocemos la verdad que nos hace libres.

¿Qué te ayuda a brillar con fuerza en este mundo oscuro?

Malas noticias

No temerá recibir malas noticias;
su corazón estará firme, confiado en el SEÑOR.

SALMOS 112:7

En esta era de la tecnología podemos vernos inundadas de acontecimientos provenientes de todo el mundo. Tenemos siempre las noticias en la punta de nuestros dedos; y, con frecuencia, eso no es bueno. A veces, estamos a la espera del tipo de noticia personal y transformadora: el reporte médico, el resultado de la entrevista de trabajo, la calificación en el examen. Nuestro temor es que el resultado no sea el que esperamos.

El Salmo 112 nos dice que no tenemos que temer recibir malas noticias. Si nuestro corazón es recto, estamos firmes y seguras. A pesar de cualquier información alarmante que llegue a nuestro camino, podemos estar en paz porque estamos seguras en las manos de Dios.

¿Qué temores tienden a ocupar tu mente?
¿Puedes entregarlos a Dios hoy?

Cosecha

«Son los que con corazón noble y bueno escuchan el mensaje. Lo obedecen y con paciencia producen buena cosecha».

LUCAS 8:15 PDT

La mayoría de nosotras queremos dejar una marca significativa en algún lugar durante nuestra vida. Es consolador creer que la rutina de nuestra vida cotidiana es meramente una preparación para la tarea realmente importante que con certeza está a la vuelta de la esquina. Ya sabes, lo elevado, el llamado, la tarea noble que sin duda está por delante.

Entonces, un día en un momento de quietud, el Señor susurra: «Es esto. Lo que estás haciendo es lo que te he llamado a hacer. Haz tu trabajo, cría a tus hijos, ama a tu prójimo, sirve a la gente, búscame a mí primero, y todo lo que anhelas en tu corazón se cumplirá. Sé fiel donde te he puesto. No necesitas lograr grandes cosas para mí. Simplemente sé».

¿Qué te hace ser importante para Dios?

El engaño del mirlo

¡Estén alerta! Cuídense de su gran enemigo, el diablo, porque anda al acecho como un león rugiente, buscando a quién devorar. Manténganse firmes contra él y sean fuertes en su fe.

1 PEDRO 5:8-9 NTV

En un parque, un mirlo demandaba atención. Estaba ocupado picoteando una pequeña miga de pan. Un mirlo mucho más grande se movía amenazante en círculos cerca de él, acercándose más y después alejándose. El pájaro más pequeño parecía no darse cuenta. No tenía miedo, y continuó disfrutando de su cena. Tras un momento, el ave acosadora retrocedió. De repente, tenía el mismo tamaño que el otro mirlo. Había hinchado sus plumas para verse más grande y aterrador. El pájaro más pequeño sabía que era una falsedad y no le prestó atención.

La Biblia describe a nuestro enemigo como un león rugiente. No hay que tener miedo a un león que ruge, porque ha delatado su presencia, dando tiempo a su presa para escapar. Cuando estamos en sintonía con Dios, no tenemos que tener miedo a las tácticas de Satanás. Comparado con Dios, es todo un engaño de mirlo. ¡No le prestemos atención!

¿Cómo puedes mantenerte en sintonía con Dios?

Cerrar la brecha

La fe demuestra la realidad de lo que esperamos; es la evidencia de las cosas que no podemos ver.

HEBREOS 11:1 NTV

¿Sientes alguna vez que hay una brecha enorme entre lo que sabes que es verdad en la Palabra de Dios y lo que sientes que es verdad? Nuestros sentimientos son muy volubles. Fluctúan dependiendo de nuestras circunstancias, tanto como nuestro estado de ánimo cambia según el tiempo que haga. La buena noticia es que nuestros sentimientos no cambian los hechos. Dios promete fortaleza, sabiduría, paz, esperanza, dirección, consuelo, perdón, valentía, vida eterna, y mucho más. Estas cosas son inmutables; están escritas en piedra.

¿Cómo pasamos de la tiranía de las emociones a la confianza de la fe? Debemos decidir creer lo que Dios dice en lugar de lo que dicen nuestras emociones, y entonces declarar en voz alta sus promesas. Y, después, lo hacemos una y otra vez hasta que surja la fe y cierre la brecha.

¿Cómo puedes entregar tus emociones a Dios y permanecer segura en tu fe?

Polvo

Dios sabe todo de nosotros;
sabe que estamos hechos de polvo.

SALMOS 103:14

Se cuenta la historia de un muchachito que oyó a su pastor leer el Salmo 103 desde el púlpito. Cuando leyó el versículo 14, el muchacho se acercó a su mamá y susurró: «Mami, ¿cómo que de polvo?». Es bastante desconcertante observar que Dios se refiere a nosotros como polvo. Él dice: «Nuestros días sobre la tierra son como la hierba; igual que las flores silvestres, florecemos y morimos. El viento sopla, y desaparecemos como si nunca hubiéramos estado aquí».

La verdad es que somos polvo increíblemente importante para Dios. Escuchemos la letanía de todo lo que Dios ha hecho por los millones de motas diminutas en esta tierra. Él perdonó nuestros pecados, nos rescató del castigo, sanó nuestras enfermedades, llenó nuestra vida de cosas buenas, y nos ha dado su justicia. ¿Meramente polvo? Bueno, Él sabe todo de nosotras, ¡porque Él nos formó!

¿Cómo puedes encontrar hoy tu importancia en Dios?

Vasijas de barro

A pesar de todo, Señor, tú eres nuestro Padre;
nosotros somos el barro y tú el alfarero.
Todos somos obra de tu mano.

ISAÍAS 64:8

Hay muchos tipos de cerámica, desde el básico barro cocido que se usa para tareas cotidianas hasta piezas decorativas que adornan el mantel de alguien. Es interesante observar que Dios utiliza esta imagen desde el Génesis hasta el Apocalipsis. Él es el artista (alfarero); nosotras somos el barro. El alfarero tiene poder absoluto para crear exactamente conforme a su deseo; el barro no tiene voz.

Hay ocasiones en las que no estamos contentas con la pieza que ha formado el alfarero. Querríamos ser el jarrón sobre el mantel que se usa para colocar en él un hermoso ramo de flores. La verdad es que la pieza misma no es lo que da valor, por hermosa que pueda ser. El valor está en el contenido.

¿Qué hermoso contenido hay en tu vasija?

Come para vivir

No solo de pan vive el hombre,
sino de todo lo que sale de la boca del Señor.

DEUTERONOMIO 8:3

Con frecuencia, ¡no erramos del lado de comer muy poco! Punzadas de hambre, aburrimiento, ansiedad, e incluso depresión pueden impulsarnos a acudir al refrigerador. Hay una clase de comida que podemos ingerir sin límite: la carne de la Palabra.

La Escritura es nuestro alimento espiritual: un banquete de verdad presentado para nuestro disfrute. La Palabra nos alimenta, nos guía, nos consuela, nos da convicción, evita que pequemos, y satisface al alma hambrienta y sedienta. Léela y recuerda que, igual que nos debilitamos físicamente sin comidas regulares, también el alma se empobrecerá sin una ingesta habitual de la Palabra. ¡Come para vivir!

¿Qué alimento puedes tomar hoy de la Escritura?

Instrumento necesario

Toda la Escritura es inspirada por Dios y útil para enseñar, para reprender, para corregir y para instruir en la justicia, a fin de que el siervo de Dios esté enteramente capacitado para toda buena obra.

2 TIMOTEO 3:16-17

La mayoría de las tareas requieren una herramienta. En la vida diaria puede ser una escoba, un taladro, una segadora, una manguera, un cubo, un martillo, ¡o un paracaídas! Para lograr algo, se necesita algo.

En nuestra vida espiritual también necesitamos herramientas. Dios nunca quiso que batalláramos sin tener los instrumentos necesarios para el éxito. La Escritura, inspirada por Dios, es el taller divino que tiene todos los recursos necesarios. Su propósito es enseñar, corregir y convencer, ¡para que podamos vivir sabiamente! ¿Estamos leyendo, estudiando, y guardando las palabras en nuestro corazón, o estamos vacías y mal equipadas para la vida a la que Él nos ha llamado? Abre la Biblia y pide a Dios que te ayude a implementar las verdades que se encuentran en ella.

¿Qué instrumentos necesitas para tener éxito?

El fin de la fe

«Si tuvieran fe, aunque fuera tan pequeña como una semilla de mostaza, podrían decirle a esta montaña: "Muévete de aquí hasta allá", y la montaña se movería. Nada sería imposible».

MATEO 17:20 NTV

Un maestro está a punto de ilustrar el significado de la fe. Indica a un niño que se coloque de espaldas, cierre sus ojos y se deje caer hacia atrás sobre sus brazos extendidos. El niño necesita una gran medida de fe en ese maestro. ¿Es confiable? Con los ojos cerrados con fuerza, el niño se deja caer hacia atrás y el maestro lo agarra, y después explica que debemos confiar por completo en Dios de modo similar.

Confiar en Dios sin límite no siempre es fácil. Significa que estamos en paz con cualquiera que pueda ser el resultado. Con frecuencia oramos de corazón para obtener una respuesta concreta y pensamos que el resultado de esa oración revela la medida de nuestra fe. No analices en exceso tu cantidad de fe. Permanece en la Palabra y tu fe crecerá. Mientras tanto, déjate caer en los brazos de Dios; ¡Él te agarrará!

¿Confías en que Dios te agarrará cuando te dejes caer en sus brazos? ¿Por qué sí o por qué no?

Unida

Él ya existía antes de todas las cosas
y mantiene unida toda la creación.

COLOSENSES 1:17

Con frecuencia, la vida parece ser un conglomerado de actividades sin relación y nos sentimos empujadas hacia mil direcciones simultáneamente. Detalles por terminar, negocios no finalizados, y listas de quehaceres nos dejan con la sensación de ir un día tarde, y muchas veces abrumadas. El apóstol Pablo debió experimentar algo similar cuando estaba en un barco con dirección a Jerusalén para ser juzgado ante un tribunal. Se levantó una tormenta enorme. En un esfuerzo por sobrevivir, los marineros ataron cuerdas al cuerpo del barco para evitar que se desbaratara. Dios prometió a Pablo que todos sobrevivirían al naufragio, y así fue.

Qué verdad tan asombrosa es saber que no es tarea nuestra mantener unida nuestra vida. Nuestra responsabilidad es entregar a Dios nuestra lista de quehaceres, postrarnos ante su voluntad, y permitir que sea Él quien la mantenga unida. Él es la cuerda que nos agarra.

¿Qué hay en este día en tu lista de quehaceres?

Esto es el amor

En esto consiste el amor: en que pongamos en práctica sus mandamientos. Y este es el mandamiento: que vivan en este amor, tal como lo han escuchado desde el principio.

2 JUAN 6:1

El amor es probablemente la palabra más usada y más idealizada en el lenguaje humano. Nos enamoramos, amamos la pizza, y amamos a nuestra mascota. La Escritura nos dice que debemos amar a Dios. ¿Cómo amamos a un ser invisible?

En 1 Juan 2:35, Juan define el amor por Dios diciendo que la prueba de nuestro amor por Él es nuestra obediencia. No necesitamos buscar una emoción elusiva. Simplemente tenemos que obedecer.

¿Cómo puedes ser obediente a Dios hoy?

Ídolos del corazón

Hijo de hombre, estos líderes han levantado ídolos en su corazón. Se han entregado a cosas que los harán caer en pecado. ¿Por qué habría de escuchar sus peticiones?

EZEQUIEL 14:3 NTV

Dios tenía un fuerte mensaje para Israel. Le dijo a Ezequiel que no escucharía las peticiones del pueblo, porque habían levantado ídolos en sus corazones, que los separaban de Él. No estaba hablando de objetos físicos, sino de algo de una dimensión diferente. ¿A qué se refería? ¿Posesiones, prestigio, posición, poder? ¿Egoísmo, entretenimiento, reglas, religión? ¿El internet, deportes, pasatiempos? Cualquier cosa que consume nuestro tiempo podría convertirse en un ídolo del corazón.

Tal vez es el momento de hacer examen del alma. ¿Qué despilfarra nuestro tiempo, nuestros pensamientos, y dicta nuestras prioridades? ¿Estamos aceptando cosas que nos conducirán al pecado? En ocasiones nos preguntamos por qué parece que Dios no escucha nuestras oraciones. Es posible que haya un ídolo que se interpone en el camino.

¿Qué ocupa la mayoría de tu tiempo?

Gozo constante

No estén tristes, pues el gozo del Señor es su fortaleza.

NEHEMÍAS 8:10

Gozo no es necesariamente felicidad. La felicidad depende de las circunstancias; el gozo no. La felicidad es fugaz; el gozo es constante. La felicidad desaparece cuando llegan las pruebas; el gozo crece mediante las pruebas. Los buenos tiempos producen felicidad y risas; las dificultades producen tristeza y sufrimiento, pero el gozo reside bajo la superficie.

El gozo no es una emoción que se puede fabricar o fingir. Es una sensación profundamente asentada de que todas las cosas van bien, porque Dios está a cargo. El gozo se expresa en alabanza, canto, risas, una expresión pacífica, brillo en la mirada, o una serenidad que soporta cualquier adversidad. Es la sustancia del alma que nos mantiene unidas mientras confiamos en Dios, quien hace bien todas las cosas.
¡Jesús quiere que nuestro gozo sea completo!

¿Qué te produce el mayor gozo?

Protegida

Sabemos que el que ha nacido de Dios no practica el pecado: Jesucristo, que nació de Dios, lo protege y el maligno no llega a tocarlo.

1 JUAN 5:18

Las pequeñas piernitas de Pedro se mueven mientras se dirige a la carretera. Su mamá le grita: «¡Detente, para!». Si es un niño obediente, echará el freno de inmediato. Ella lo protege del peligro, pero su seguridad depende de su obediencia.

De modo similar, la Palabra de Dios es clara sobre lo que Él espera de nosotras. Su propósito es guardarnos del peligro. Si nos hemos entregado a Dios, seremos obedientes; sin embargo, la participación de Dios con nuestra obediencia es profunda. Él no solo nos da la fortaleza, sino también la voluntad para obedecerlo, y entonces da un paso más. ¡Él nos protege! Dios nos guarda del maligno que nos rodea y del pecado en el que podemos caer fácilmente. Eso no significa que nunca seremos tentadas, nunca sufriremos o atravesaremos dificultades. Simplemente significa que podemos perseverar, protegidas por el poder de Dios.

¿Cómo puedes ser más obediente a los mandamientos de Dios? ¿Ves que están ahí para protegerte?

El final del túnel

«Yo soy la luz del mundo. El que me sigue no andará en oscuridad, sino que tendrá la luz de la vida».

JUAN 8:12

Hay un viejo dicho que se remonta al siglo diecinueve y que probablemente todas hemos citado: «Hay luz al final del túnel». Traducción: «Aguanta. El final de cualquier dificultad que estés enfrentando está a la vista». Sin embargo, hay momentos en los que probablemente no hay ningún final positivo, y no hay ninguna luz al final de nuestro túnel. Entonces, ¿qué?

Jesús es luz, y Él vive en nosotras. Estamos rodeadas por su presencia a pesar de dónde estemos. Él está detrás de nosotras, delante, a la derecha y a la izquierda, por encima y por debajo. Estamos rodeadas en su presencia y no caminamos en oscuridad. Él es nuestra luz. Ya no tenemos que caminar por túneles oscuros teniendo solamente una pizca de esperanza al final. ¡Caminamos por nuestros túneles resplandecientes con la luz de Jesús!

¿Puedes ver la luz al final del túnel en tu circunstancia presente?

Nunca te rindas

Dios mío, a ti clamo porque tú me respondes;
inclina a mí tu oído y escucha mi oración.

SALMOS 17:6

Jesús enseñó que debemos orar y nunca abandonar. Habló de una viuda a la que un enemigo no trataba bien y acudió a un juez esperando su intervención. El juez, que no tenía temor de Dios ni de la gente, finalmente cedió y tomó una decisión a regañadientes. ¿Por qué? Porque la viuda lo visitaba una y otra vez.

Dios nunca se demorará ni nos alejará, sino que responderá rápidamente; sin embargo, nuestro rápidamente puede que no sea el de Dios. Muchas veces, Él espera hasta responder debido a diversas razones. Tal vez, la razón más importante es que, en la espera, aprenderemos a buscar a Dios, a seguir clamando a Él y confiando en Él contra todo pronóstico. Pero debemos orar. Y después seguir orando.

¿En qué petición de oración necesitas seguir perseverando?

Perenne

Porque, así como la tierra hace que broten los retoños
y el huerto hace que germinen las semillas,
así el Señor y Dios hará que broten
la justicia y la alabanza ante todas las naciones.

ISAÍAS 61:11

A Jesús le gustaba contar historias sobre granjeros y campos. Estamos familiarizadas con su enseñanza sobre las semillas, las malas hierbas, o la poda. ¿Has pensado alguna vez en una planta perenne? Soporta audazmente el invierno y vuelve a florecer. Algunas son acosadoras: pueden apoderarse de otra planta sin ni siquiera decir «permiso». Si no tienes cuidado, todo tu jardín puede ser tomado por una planta agresiva.

En nuestras vidas hay cosas que en sí mismas no son malas, pero cuando permitimos que tomen el control se convierten en un gran perjuicio para nuestro crecimiento espiritual. Tal vez es momento de controlar las plantas perennes en nuestras vidas, recordando que nuestro tiempo en esta tierra es limitado.

¿Qué ha estado causando, si es que hay algo, que tu crecimiento espiritual sufra?

Pecados de omisión

Así que comete pecado todo el que sabe hacer el bien y no lo hace.

SANTIAGO 4:17

Una joven mamá y sus hijos pasaban a menudo en bicicleta al lado de una anciana que descansaba en una silla delante de una casa rodante que se veía destartalada. Algo se movió en el corazón de la mamá, y sabía que la mujer necesitaba el evangelio. Tenía toda la intención de detenerse y hacerle una visita; sin embargo, ganó la postergación hasta que fue demasiado tarde. Un día, el espacio de la mujer estaba totalmente vacío... no había señal alguna de vida, y solamente una marca sobre el terreno donde había estado la casa.

Los pecados de comisión son bastante obvios; los de omisión son más fáciles de justificar. El Espíritu Santo nos impulsa a compartir a Cristo, o a cortar una relación o a invitar a cenar a una vecina, pero vamos demasiado apresuradas y demasiado inmersas en nuestros propios planes. Sabemos en nuestro corazón lo que debemos hacer, pero en cierto modo nos falta el compromiso de obedecer. Cambiemos eso. Prestemos atención a la voz apacible del Espíritu Santo.

¿Puedes pensar en cualquier pecado de omisión en tu vida que quieras entregar a Dios?

Comenzar de nuevo

¡Alabado sea el Señor! ¡Den gracias al Señor, porque él es bueno! Su fiel amor perdura para siempre.

SALMOS 106:1 NTV

¿Has deseado alguna vez poder comenzar de nuevo? Sería estupendo poder retrasar el reloj, revertir esa decisión, y hacerlo diferente. Hay mucha más sabiduría en mirar atrás. Sí, hay algunas cosas que podemos hacer otra vez, como ajustar la receta o romper la costura, pero la mayoría de las veces no se pueden cambiar las decisiones realmente importantes.

Excepto cuando se trata de las cosas espirituales. Dios nos dice que podemos comenzar de nuevo cada mañana, porque su misericordia estará ahí. A pesar de cualquier cosa que saliera mal ayer, cualquier caos creado por malas decisiones, podemos comenzar al día siguiente con una pizarra totalmente en blanco. Nuestra parte en la transacción puede requerir arrepentimiento de pecado o perdonar a alguien, tal vez incluso a nosotras mismas. Bañadas en sus misericordias, podemos comenzar cada día impecablemente limpias.

¿Cómo se ve para ti comenzar de nuevo?

Trilogía de la liberación

Él nos libró y nos librará de tal peligro de muerte.
En él tenemos puesta nuestra esperanza
y él seguirá librándonos.

2 CORINTIOS 1:10

Liberación. Qué palabra tan maravillosa. Es ser librado, emancipación, libertad, rescate. Cualquiera que haya experimentado los antónimos de cualquiera de esas palabras conoce la alegría de la liberación. Pensemos en el hombre poseído por un demonio al que Jesús salvó. Sin techo, desnudo, y viviendo en un cementerio. Estaba vigilado, encadenado, y totalmente controlado por un espíritu malo. Por la palabra de Jesús, ¡fue hecho libre!

También nosotras necesitamos liberación. Atadas por el pecado y con necesidad de un Salvador, fuimos liberadas. Cuando batallamos contra la tentación y la confusión y nuestra fe flaquea, necesitamos ser liberadas de nuevo. Cuando la adversidad se abre camino hasta nuestra puerta y las dificultades nos abruman, tenemos la esperanza de que Dios continuará liberándonos: pasado, presente y futuro.

¿De qué has visto a Dios liberarte últimamente?

Canción divina

Que todo el mundo cante con alegría al SEÑOR;
que entonen canciones alegres y toquen alegres cantos.
Canten alabanzas al SEÑOR al son del arpa;
al son del arpa y con bellas melodías.

SALMOS 98:4-5 PDT

El regalo de la música viene seguramente del corazón de Dios a su creación. Melodías, armonías, ritmos, y la configuración infinita de notas y estilos inspira, calma, y estimula según su género. La música mortal es una maravilla. ¿Puedes imaginar la increíble belleza de los instrumentos celestiales?

Mantén en tu mente la belleza del canto celestial, y entonces contempla el hecho de que Dios nos rodea con cantos de liberación e incluso canta sobre nosotras con melodías de victoria. El propósito de esta música es escondernos en su amor, protegernos de los problemas, calmar nuestros temores, y darnos la victoria sobre el enemigo. Estamos rodeadas por la canción divina. Cantemos nuestras alegres alabanzas a Dios, porque Él es digno.

¿Cómo crees que suenan los instrumentos celestiales?

La vid

Yo soy la vid y ustedes son las ramas.
El que permanece en mí, como yo en él, dará mucho fruto;
separados de mí no pueden ustedes hacer nada.

JUAN 15:5

A una mamá con frecuencia le resulta difícil que sus hijos crezcan y abandonen el nido. Ha entregado mucho de sí misma, su tiempo y su energía a su crianza, y su ausencia deja un lugar vacío: un hueco muy grande. En el servicio, ella ha encontrado satisfacción, desarrollo y significado. Su fuente de alegría y de vida parece haber quedado sellada.

Este dilema requiere una explicación, y Jesús lo explica muy bien en este versículo. Nos recuerda que Él es la vid y nosotros somos las ramas que debemos permanecer en la vid para poder recibir sostén. Debemos mantenernos conectadas a Jesús. Sin la vida de la vid fluyendo por nosotras, no daremos fruto.

¿Cómo puedes tener una sensación de valía y logro que viene solamente de Dios?

Tres cosas

Sabemos que somos hijos de Dios y que el mundo entero está bajo el control del maligno. También sabemos que el Hijo de Dios ha venido y nos ha dado entendimiento para que conozcamos al Verdadero. Y estamos con el Verdadero, con su Hijo Jesucristo, que es Dios Verdadero y vida eterna.

1 JUAN 5:19-20

Vivimos en un mundo donde los absolutos parecen ser cosa del pasado. Muchos en nuestra cultura creen que no hay absolutos debido a las variables de trasfondo, etnia y religión. Desgraciadamente, hay personas en nuestras iglesias que dudan, sucumbiendo a las influencias de la sociedad. Han surgido áreas grises donde deberían estar áreas en blanco y negro.

Juan afirma claramente que podemos conocer la verdad absoluta. Sabemos que Dios nos mantiene a salvo del pecado y del maligno, sabemos que pertenecemos a Dios, y podemos conocer al Verdadero. Todo está ahí, en la Palabra de Dios.

¿Qué es la verdad absoluta?

Inmutable

Jesucristo es el mismo ayer, hoy y por siempre.

HEBREOS 13:8

Tal vez has oído el dicho: «No hay nada permanente, excepto el cambio». La palabra *cambio* puede evocar diversas respuestas: temor, terror, preocupación, tristeza o pérdida. Puede producir cierto sufrimiento cuando entendemos que las cosas nunca serán igual. Hay seguridad en lo familiar: una sensación de continuidad con el flujo de la vida que es inquietante cuando se altera.

Las relaciones cambian, las amistades se mueven, fallecen seres queridos, la cultura varía, se produce el envejecimiento, y puede ser doloroso. Dios sabe todo eso, y se asegura de que su Palabra contenga la única seguridad que deseamos conocer desesperadamente. Él nunca cambia. Él no envejece, no se mueve ni está ocupado en otro lugar. Él es el mismo Dios que creó el mundo, envió a su Hijo para redimirnos de nuestro pecado, y dio su Espíritu Santo para que esté con nosotras para siempre. Sin importar cómo cambie nuestra vida día a día, podemos contar con su constancia.

¿Qué cambios han sido difíciles para ti este año?

Espera al Señor; esfuérzate y aliéntese tu corazón.
Sí, espera al Señor.

SALMOS 27:14 LBLA

¿Se puede decir algo positivo sobre la espera? Ya sea en la fila del supermercado, atascada en el tráfico, o simplemente esperando a que llegue un paquete, es parte de nuestra vida diaria. Esperar parece ser una pérdida de tiempo colosal.

El concepto de esperar en Dios parece originarse con el salmista. Tal vez se debe a que él se encontraba atascado muchas veces en situaciones peligrosas y sabía que su única esperanza era Dios. El tipo de espera del que habla no es pasiva como si nuestra vida espiritual quedara en espera hasta que Dios intervenga y nos conceda nuestra petición. Es una muestra activa de fe mientras entregamos nuestros deseos, esperanzas y sueños delante del Señor y nos rendimos a su voluntad. En la espera, Él perfecciona nuestra fe y edifica nuestro carácter.

¿En qué situación necesitas ser paciente y esperar el tiempo oportuno de Dios?

Fortaleza en la debilidad

«Te basta con mi gracia, pues mi poder se perfecciona en la debilidad». Por lo tanto, gustosamente presumiré más bien de mis debilidades, para que permanezca sobre mí el poder de Cristo.

2 CORINTIOS 12:9

Hay algo en nuestro interior que anhela ser fuerte y autosuficiente. ¿Acaso no admiramos a la mujer que puede criar hijos, trabajar, ofrecerse voluntaria, y sin embargo, parecer que lo tiene todo solucionado? Incluso si en realidad no existen personas así, ¡sí que existen en nuestra mente! Nos impacientamos con nuestras debilidades e insuficiencias.

Es un alivio saber que Dios no espera de nosotras que seamos fuertes. De hecho, el apóstol Pablo dijo que se deleitaba en sus debilidades, insultos, dificultades, persecución y dificultades. Dios no pretende que seamos fuertes. Quiere que acudamos a Él en nuestras debilidades, ¡para que su poder pueda descansar sobre nosotras! Comencemos a ser agradecidas por nuestros defectos y demos a Dios la oportunidad de demostrar su poder.

¿Cómo puedes permitir que Dios demuestre su poder en tu vida?

Contacto visual

Pon la mirada en lo que tienes delante;
fija la vista en lo que está frente a ti.

PROVERBIOS 4:25

Una joven estilosa va caminando sin prisa, enviando mensajes de texto a su amiga. Levanta la vista periódicamente para comprobar su ubicación y después vuelve a dirigir su mirada al aparato que sostiene. Siente que se acerca una sombra y levanta la mirada, encontrándose de cara con la corteza de un árbol.

Mantener nuestros ojos espirituales enfocados en lo que hay por delante es incluso más importante. Con frecuencia miramos alrededor, buscando otros recursos para satisfacer nuestras necesidades, resolver nuestros problemas, para darnos dirección en lugar de mirar directamente a Jesús. La asombrosa verdad es que Dios desea establecer contacto visual con nosotras. Miramos a Jesús, Él nos mira, y cuando nuestras miradas se encuentran ciertamente hemos tocado lo divino.

¿Qué imagen ves cuando imaginas a Dios?

Dispuesta a aprender

De manera similar, enseña a las mujeres mayores a vivir de una manera que honre a Dios. Esas mujeres mayores tienen que instruir a las más jóvenes a amar a sus esposos y a sus hijos, a vivir sabiamente y a ser puras, a trabajar en su hogar, a hacer el bien y a someterse a sus esposos.

TITO 2:3-5 NTV

Mamás e hijas tienen una relación compleja que cambia gradualmente hasta que se convierten en compañeras. Por delante de la hija en años de experiencia, la mamá tiene mucho que dar; sin embargo, la hija puede atravesar una temporada en la que no le interesa ninguna sabiduría de mamá y no está dispuesta a aprender. Y, sin embargo, el apóstol Pablo escribe que las mujeres mayores deben enseñar a las más jóvenes a vivir una vida que honre a Dios.

Este consejo es doble y potencialmente problemático. En primer lugar, las mujeres mayores deben vivir prudentemente delante del Señor y entonces estar dispuestas a enseñar a otras. En segundo lugar, las mujeres más jóvenes deben estar dispuestas a aprender. Superemos estos obstáculos, ¡y seamos mujeres que están dispuestas a enseñar y dispuestas a aprender!

¿A quién estás dispuesta a enseñar?
¿De quién estás dispuesta a aprender?

Octubre

«¡Sé valiente!
Luchemos con valor por nuestro pueblo
y por las ciudades de nuestro Dios,
y que se haga la voluntad del Señor».

1 Crónicas 19:13 ntv

Creyente completa

Porque ustedes saben que, siempre que se pone a prueba la fe, la constancia tiene una oportunidad para desarrollarse. Así que dejen que crezca, pues una vez que su constancia se haya desarrollado plenamente, serán perfectos y completos, y no les faltará nada.

SANTIAGO 1:3-4 NTV

Todas experimentaremos nuestra parte de tiempos difíciles en esta vida. En las dificultades nos desarrollaremos y creceremos hasta ser creyentes que sean completas, preparadas para cualquier cosa.

Dios tiene una perspectiva celestial y eterna, y nos está moldeando y preparando para cosas mayores de las que podemos imaginar. Si perseveramos y confiamos en Él, Él nos revelará un propósito más hermoso del que podríamos haber soñado.

¿Cómo puedes entregarte al proceso de Dios?

Recibe ayuda

«Yo te instruiré,
yo te mostraré el camino que debes seguir;
yo te daré consejos y velaré por ti».

SALMOS 32:8

Cada día enfrentamos temor, pero algunas veces el temor se hace tan grande que comienza a controlarnos. ¿Y si en lugar de ser paralizadas por nuestros temores le dijéramos a Dios qué nos da miedo? Dios promete que tomará nuestra mano, calmará nuestros temores, y nos ayudará en lo que estemos enfrentando.

No tenemos que caminar solas y con miedo; podemos ser fortalecidas por la verdad de Dios y recibir ayuda por su poder.

¿Cómo puedes invitar a Dios a tus situaciones llenas de temor?

Canciones de victoria

Pues tú eres mi escondite;
me proteges de las dificultades
y me rodeas con canciones de victoria.

SALMOS 32:7 NTV

La vida puede parecer una batalla en ocasiones. Desde manejar nuestros horarios tan ocupados hasta tomar decisiones importantes, diariamente enfrentamos retos. Algunos días nos gustaría escondernos durante un rato para así poder recargar baterías y reenfocarnos.

Dios es nuestro escondite, nuestra protección y nuestro descanso. Él camina a nuestro lado en las batallas de la vida y canta una canción de victoria sobre nosotras. Con Cristo como nuestra fortaleza, no solo podemos superar la batalla, sino también salir como vencedoras llenas de alegría.

¿En qué necesitas que Dios te ayude hoy para darte la victoria?

Alma que cuestiona

Oh, pueblo, confía en él siempre,
derrama ante él tu corazón,
pues Dios es nuestro refugio.

SALMOS 62:8

Hay preguntas que deseamos que Dios nos responda, y circunstancias en nuestras vidas que nos dejan preguntándonos sobre su bondad. Cuando oramos, intentamos desgarrar los cielos en busca de una respuesta que dé sentido a nuestra tormenta.

Lo que Dios más desea no es el alma con la respuesta; es la que se presenta ante Él en una danza perfecta de confianza, fe, y cruda vulnerabilidad. En ese momento de vacío delante de tu Creador, Él será tu refugio. Derrama tu corazón ante Él y descansa en su abrazo, porque Él es un refugio incluso para el alma que más cuestiona.

¿Para qué preguntas profundas estás buscando una respuesta?

Promesas probadas

Tus promesas han superado muchas pruebas,
por eso tu siervo las ama.
Mis ojos están abiertos en las vigilias de la noche,
para meditar en tus promesas.

SALMOS 119:140, 148

¿Qué te ha prometido Dios? ¿Has sentido su promesa mediante cierta escritura? ¿O tal vez mediante palabras declaradas sobre tu vida que lanzaron una visión a tu alma? Cuando Dios promete algo, se necesita fe para creer que Él hará que suceda.

Pueden transcurrir muchos años desde el momento de la visión hasta el momento del cumplimiento. La espera puede ser un periodo de amargura, o puede ser un periodo de gran dulzura con el Señor a medida que crecemos en confianza, fe, y alabanza.

¿Qué sueños tienes para tu futuro?

De nuestra parte

¿Qué diremos frente a esto? Si Dios está de nuestra parte, ¿quién puede estar en contra nuestra?

ROMANOS 8:31

Dios está de nuestra parte. Qué idea tan poderosa que el Dios del universo está de nuestra parte. A veces nos creemos esa imagen poco veraz de Dios que lo representa como alguien enojado, distante y condenatorio. Pero Dios está de nuestra parte; no está en contra nuestra. Su corazón hacia nosotras ha sido eternamente compasivo, amoroso, misericordioso y tierno.

El deseo de Dios de tener una relación sin obstáculos con nosotras se muestra de modo impecable en Cristo, quien lo dejó todo para pelear por nuestros corazones.

¿En qué necesitas hoy que Dios esté «de tu parte»?

Consuelo

Bendito sea el Dios y Padre de nuestro Señor Jesucristo, Padre misericordioso y Dios de toda consolación, quien nos consuela en todas nuestras tribulaciones para que, con el mismo consuelo que de Dios hemos recibido, también nosotros podamos consolar a todos los que sufren.

2 CORINTIOS 1:3-4

Cuando enfrentamos problemas, Dios no se queda observando cómo batallamos desde la distancia. Él es nuestro consuelo, nuestra fortaleza y nuestra esperanza. Y, a medida que nos consuela, también nos enseña a consolar a otros.

En cualquier circunstancia difícil que podamos atravesar, hay alguien más que está atravesando algo muy, muy similar. Nuestras experiencias pueden ser lo que mantenga a flote a esa persona durante su momento complicado.

¿A quién puedes ofrecer consuelo hoy?

Alentada en la fe

Cuando nos encontremos, quiero alentarlos en la fe pero también me gustaría recibir aliento de la fe de ustedes.

ROMANOS 1:12 NTV

Es cierto que las amistades que dan vida estarán caracterizadas por un aliento mutuo de fe en Cristo. ¿Alguna vez tuviste una amiga que, después de haber estado con ella te hace querer conocer más a Dios? ¿Una amiga cuyo amor por el Señor es contagioso? Esa es la clase de amistad por la que deberíamos esforzarnos: la clase de amistad que nos señalará hacia Cristo y nos hará anhelar su presencia.

La amistad verdadera da como resultado un compañerismo verdadero: una fuente de fortaleza, comunidad y responsabilidad.

¿Qué amistades te alientan y te fortalecen? Dale gracias a Dios por ellas en este día.

Refugio

Bueno es el Señor;
es refugio en el día de la angustia
y conoce a los que en él confían.

NAHUM 1:7

Dios no solo está con nosotras cuando nos resulta fácil tener fe y nuestra alabanza no encuentra obstáculo. Incluso en el día de la angustia, Dios conoce íntimamente a quienes en Él confían, y es un refugio para ellos.

No solo en la catástrofe, sino también en nuestros momentos de debilidad oculta, Dios es nuestra fortaleza y nuestro refugio. Podemos confiar en Él y saber que Él es siempre bueno.

¿En qué necesitas confiar en Dios hoy?

El poder de buscar

Pero si desde allí buscan al Señor su Dios con todo su corazón y con toda su alma, lo encontrarán.

DEUTERONOMIO 4:29

¿Tienes días en los que te sientes vacía, cansada y poco inspirada? Son días en los que sientes que no tienes nada que dar, aunque no falten las demandas. No sabes cómo volver a llenarte; solamente sabes que necesitas hacerlo.

El Señor dice que, si lo buscas con todo tu ser, lo encontrarás. Dios no se alejará de su hija que clama. Incluso ahí, en ese lugar de vacío, puedes ser llena; solamente tienes que buscar.

Escribe una oración pidiendo a Dios que tenga un encuentro contigo en el lugar más profundo de tu corazón.

El altar del sacrificio

Fue por la fe que Abraham ofreció a Isaac en sacrificio cuando Dios lo puso a prueba. Abraham, quien había recibido las promesas de Dios, estuvo dispuesto a sacrificar a su único hijo, Isaac.

HEBREOS 11:17 NTV

¿Has recibido alguna vez una promesa de Dios y después fuiste guiada a renunciar a ella? Isaac era el hijo de la promesa de Abraham, un sueño dado y concedido por Dios, que ahora se demandaba como ofrenda.

¿Por qué Dios nos daría visión y promesa y después nos pediría que pongamos sobre el altar ese mismo sueño? Tal vez sea porque solo en la crucifixión es donde encontramos la resurrección. Al entregar y morir es donde encontramos la vida abundante de la salvación.

¿Qué te está pidiendo Dios que hagas que te parece imposible en este momento?

Fortaleza

Es él quien me arma de valor y hace perfecto mi camino; da a mis pies la ligereza del venado y me mantiene firme en las alturas; adiestra mis manos para la batalla y mis brazos para tensar un arco de bronce.

SALMOS 18:32-34

Puede que Dios requiera de nosotras que hagamos algo para lo cual no nos sentimos equipadas, pero Él siempre nos dará lo que necesitemos para lograrlo. Tal vez nos preguntamos si Él escogió a la persona equivocada, o si no oímos su llamado correctamente, pero Dios puede capacitarnos para emprender cualquier tarea necesaria para avanzar su reino.

Cuando Dios nos da algo para hacer, o algún lugar donde estar, podemos tener la seguridad de que nos entrenará y equipará plenamente a fin de lograrlo.

¿Qué fallos crees que están evitando que hagas lo que Dios te pide? ¿Puedes entregar a Dios esas cosas y dejar que Él sea tu fortaleza?

«Tú eres digno, oh Señor nuestro Dios,
de recibir gloria y honor y poder.
Pues tú creaste todas las cosas,
y existen porque tú las creaste según tu voluntad».

APOCALIPSIS 4:11 NTV

La adoración es nuestra respuesta natural a la bondad de Dios. No es simplemente una reacción emocional; la adoración es también el acto de ofrecer de nuevo a Dios la gloria que merece legítimamente. Cuando nos detenemos a pensar en el poder de Dios, su majestad y su creatividad, no podemos evitar glorificarlo, porque Él es digno de la forma de honor más elevada.

Al glorificar a Dios en nuestras vidas diarias, quienes nos rodean lo observarán y algunos al final serán guiados a unirse a nosotras para alabarlo a Él.

Escribe un canto de alabanza a Dios por todo lo que Él ha hecho.

Vuelve

Si ustedes se vuelven al SEÑOR, los que se llevaron a sus parientes y sus hijos les tendrán misericordia y los dejarán volver a esta tierra, porque el SEÑOR su Dios es compasivo y misericordioso. Si ustedes se vuelven a él, no les dará la espalda.

2 CRÓNICAS 30:9 PDT

Cuando tenemos pecado en nuestra vida, puede ser tentador huir de Dios y escondernos. No queremos que Él vea nuestra debilidad, y tenemos temor a su juicio. Nuestro pecado crea una barrera en nuestro corazón entre nosotras y Dios. Nos ciega a su misericordia y su gracia.

Cubiertas de vergüenza, carecemos de la confianza de una hija que vive en libertad; sin embargo, el Señor nos llama a volvernos a Él, prometiendo compasión, gracia y favor restaurado.

¿Cómo has encontrado la compasión del Señor en tus momentos de debilidad?

Quién soy yo

Y ustedes, ¿quién dicen que soy yo? —preguntó Jesús.
—Tú eres el Cristo —afirmó Pedro.

MARCOS 8:29

Debemos determinar quién decimos que es Jesús. Incluso Pedro, que había caminado de cerca con Jesús, tuvo que responder a esta potente pregunta: «¿Quién dicen que soy yo?». Podemos seguir a Jesús, caminar con Él, incluso ser seguidoras devotas, pero ¿quién creemos que es Él verdaderamente en nuestro corazón?

Nuestra creencia acerca de quién es Jesús tiene un impacto directo en nuestra relación con Él. ¿Creemos que Él es nuestra salvación y nuestra única esperanza? La identidad de Jesús no puede cambiar independientemente de quién creas tú que es Él: Él es el Cristo, el Hijo de Dios; eso es innegable. Sin embargo, quién crees tú que es Jesús marcará la diferencia en tu corazón.

¿Quién crees que es Dios?

Tus ojos verán

Tus ojos verán al rey en su esplendor
y contemplarás una tierra que se extiende hasta muy lejos.

ISAÍAS 33:17 PDT

Los días difíciles cuando nuestra fe es débil, nuestras lágrimas corren libremente y nuestro corazón está desalentado, nos gustaría ver a Dios. Pensamos que, si pudiéramos mirarlo a los ojos, tener la oportunidad de plantearle nuestras preguntas más profundas (y escuchar su respuesta), entonces podríamos continuar.

Amada, la realidad del cielo está más cerca de lo que podemos imaginar. Veremos a nuestro Rey, en todo su esplendor y su belleza. Miraremos esa tierra del cielo. Un día habitaremos allá en paz: con todas nuestras preguntas respondidas y todas las lágrimas enjugadas.

¿Qué imaginas cuando piensas en el cielo?

Gobernadas por la emoción

Entonces ya no seremos inmaduros como los niños. No seremos arrastrados de un lado a otro ni empujados por cualquier corriente de nuevas enseñanzas. No nos dejaremos llevar por personas que intenten engañarnos con mentiras tan hábiles que parezcan la verdad.

EFESIOS 4:14 NTV

Dios nos ha llamado a ser vencedoras. Desea que estemos firmes en lo que sabemos que es verdad, en lugar de ser gobernadas por nuestras diversas emociones. A medida que maduramos en Cristo, la verdad de la Palabra de Dios llegará a tener más peso que nuestros propios sentimientos en nuestro corazón.

Es importante reconocer y validar los sentimientos. Cuando los entregamos a Dios, encontraremos crecimiento, madurez, y fortaleza para mantenernos fuertes en la fe a la vez que permitimos que nuestras emociones ocupen su lugar legítimo.

¿Sientes que estás a merced de tus emociones? ¿Cómo puedes entregarlas a Dios sin invalidar cómo te sientes?

Sin obstáculos

Gracias a Cristo y a nuestra fe en él,
podemos entrar en la presencia de Dios
con toda libertad y confianza.

EFESIOS 3:12 NTV

Nuestra salvación nos otorga el gran privilegio de poder acercarnos a Dios sin obstáculos. Como el pecado ya no nos aparta de su santa presencia, somos libres para desnudar nuestra alma ante Dios como sus hijas amadas.

Como hijas que aman a Dios con libertad y confianza, no hay nada que no podamos compartir con Él, y Él con nosotras. El temor y la vergüenza no tienen lugar en este tipo de amor excelente.

¿Qué vergüenza necesitas que Dios quite de ti en este día?

Enfoque

Siempre tengo presente al Señor;
con él a mi derecha, nada me hará caer.

SALMOS 16:8

La marca de una vida con propósito es un enfoque fuerte. Cuando fijamos nuestros ojos en una meta, es mucho menos probable que nos distraigamos por intereses en conflicto. Al tener presente al Señor continuamente, nos fijamos en el mayor propósito posible.

Esta resolución de enfoque nos mantiene firmes; no podemos ser sacudidas, obstaculizadas o destruidas mientras estemos posicionadas firmemente hacia Cristo. Hay pocas cosas que sean más poderosas que las cristianas que han decidido no permitir que nada sea un obstáculo para lograr los propósitos y planes de Dios.

¿Qué estás haciendo para alcanzar tus mayores metas? ¿Están en consonancia con la voluntad de Dios?

Cumplir los sueños

En cualquier caso, cada uno debe vivir conforme
a la condición que el Señor le asignó
y a la cual Dios lo ha llamado.
Esta es la norma que establezco en todas las iglesias.

1 CORINTIOS 7:17

Dios te creó perfectamente para ser la persona que Él planeó que fueras. Él tiene planes para tu vida y propósitos para tus talentos. Cuando deseamos ser otra persona o estar en otro lugar, nos perdemos el plan increíble que Dios tiene para quiénes somos y dónde estamos.

Al dedicarnos a vivir la vida a la que fuimos llamadas, cumplimos los sueños excelentes que Dios tiene para nuestras vidas. No hay mayor privilegio que el de honrar a nuestro Creador al vivir el propósito que Él planeó para nosotras.

¿Qué sueños crees que Dios te ha dado?

En un desierto

Él lo encontró en un desierto,
en un páramo vacío y ventoso.
Lo rodeó y lo cuidó;
lo protegió como a sus propios ojos.

DEUTERONOMIO 32:10 NTV

¿Alguna vez atraviesas periodos en tu vida en los que sencillamente sientes oscuridad? ¿Tal vez te sientes sin dirección o sin inspiración? En un desierto metafórico donde no puedes captar ningún destello de ninguna visión o ni siquiera de esperanza, Dios puede encontrarte. Incluso en los desiertos de tu propio corazón donde no puedes reunir la fuerza para acercarte a Él, Él puede encontrarte y lo hará.

Espera en el Señor, incluso en tu sensación de vacío; espera en Él y Él se acercará a ti.

¿Qué temporadas en la vida las sentiste oscuras y poco inspiradoras? ¿Crees que Dios puede encontrarte incluso en medio de esas temporadas oscuras?

Dios de compasión

El Señor es bueno con todos;
desborda compasión sobre toda su creación.

SALMOS 145:9 NTV

Las cosas buenas en tu vida (materiales, interiores, espirituales o sociales) son expresiones del amor de Dios por ti. Cuando Dios te mira, su corazón se llena de compasión… y Él siempre te está mirando.

Dios te consuela y te sana cuando estás quebrantada y sufres. Él no tiene mal carácter, nunca rompe ninguna de sus promesas, y siempre hace lo correcto. Además, si clamas a Él con sinceridad, Él corre a tu lado.

¿Qué deseos le estás pidiendo a Dios que te conceda?

De muerte a vida

Pero Dios, que es rico en misericordia, por su gran amor por nosotros, nos dio vida con Cristo, aun cuando estábamos muertos en pecados.

EFESIOS 2:4-5

Cada otoño, las hojas tan verdes del verano se transforman y muestran mil tonos de colores dorados y rojizos. Su feroz belleza dura unas pocas semanas, pero finalmente se vuelve color café y las hojas caen al suelo bajo el peso del viento. Los árboles sacuden sus ramas vacías en el frío, anticipando ya la primavera y los brotes que volverán a decorar otra vez esas ramas.

Una ley de la generación sencilla y a la vez aparentemente difícil: debe haber una muerte para que se produzca vida nueva. Como vemos reflejado en la creación, todas tenemos cosas en nuestras vidas que necesitan morir a fin de que sea soplada vida nueva sobre nosotras. Viejos hábitos, relaciones negativas, pensamientos dañinos; lo que deba morir para que pueda brotar vida nueva en Cristo bien vale la pena el intercambio.

¿Qué viejos hábitos, relaciones negativas, o pensamientos dañinos necesitas entregar a Dios en este día?

El final de la muerte

Devorará a la muerte para siempre.
El Señor y Dios enjugará las lágrimas
de todo rostro y quitará de toda la tierra
la deshonra de su pueblo.

ISAÍAS 25:8

Cuán hermoso es pensar que todo lo que tememos y todo lo que nos ha dado vergüenza será borrado algún día. La muerte, nuestro enemigo supremo, será devorada por completo cuando Dios muestre su victoria eterna.

Cuando hemos puesto nuestra esperanza en el Señor, tenemos la promesa más increíble por delante. Cualquier tentación a desesperarnos o ser abrumadas por nuestras circunstancias presentes debería desaparecer cuando recordamos la esperanza que tenemos por delante. Somos participantes en una esperanza que no conoce tristeza, hijas de un Rey que no conoce la derrota.

¿Cómo ayuda la promesa de la eternidad a aliviar la maldición de la muerte?

El corazón del fracaso

Que nuestro Señor Jesucristo mismo y Dios nuestro Padre, que nos amó y por su gracia nos dio consuelo eterno y una buena esperanza, los anime y fortalezca su corazón, para que tanto en palabra como en obra hagan todo lo que sea bueno.

2 TESALONICENSES 2:16-17

Dios no nos deja solas en nuestras debilidades. Cuando nos sentimos incapaces, Él nos da la fortaleza que nos falta para llevar a cabo la tarea. Cuando trabajamos para Él con sinceridad, nuestro trabajo, sin importar cuán insignificante pueda parecer, siempre será eficaz.

Puede que nos sintamos un fracaso ante los ojos de quienes nos rodean, pero para el Señor, nuestro trabajo hecho para su reino nunca queda desperdiciado. Él se interesa por nuestros corazones y nos consuela en los momentos de fracaso, y nos valora en nuestros momentos de insignificancia.

¿Te sientes un fracaso?
¿Cómo puedes comenzar a verte
a ti misma con los ojos de Dios?

El padre sabe qué es mejor

Esta es la confianza que tenemos al acercarnos a Dios: que, si pedimos cualquier cosa conforme a su voluntad, él nos oye. Y si sabemos que Dios oye todas nuestras oraciones, podemos estar seguros de que ya tenemos lo que le hemos pedido.

1 JUAN 5:14-15

No ofrecemos nuestras oraciones a un cielo silencioso. Cuando oramos, somos escuchadas por un Dios que se interesa profundamente por lo que presentamos ante Él. Al comprender la profundidad de su interés, tenemos confianza para acercarnos a Él con valentía.

Dios es un Padre bueno que no nos dará nada que no sea para nuestro beneficio. Podemos presentar nuestras peticiones a Dios libremente sabiendo que, si lo que pedimos no es lo mejor para nuestras vidas, entonces no nos será concedido.

¿Qué le estás pidiendo hoy a Dios?

Obstáculo gigantesco

David le respondió al filisteo:
—Tú vienes contra mí con espada, lanza y jabalina, pero yo vengo contra ti en nombre del Señor de los Ejércitos Celestiales, el Dios de los ejércitos de Israel, a quien tú has desafiado.

1 SAMUEL 17:45 NTV

Cuando el joven David se enfrentó al campeón Goliat en batalla, estaban tan enfocado en el Señor que el gigante que tenía delante de él se convirtió tan solo en un obstáculo a superar. Incluso cuando la voz del gigante amenazó a David, no le afectó, porque su confianza estaba puesta con firmeza en el Dios todopoderoso.

Debemos dejar que Dios venza a los gigantes de la baja autoestima que intentan mantenernos atadas a la complacencia.

¿Qué voces de negatividad necesitas silenciar en este momento?

Bondad y arrepentimiento

«Amen a sus enemigos, háganles bien y denles prestado sin esperar nada a cambio. Así tendrán una gran recompensa y serán hijos del Altísimo, porque él es bondadoso con los ingratos y malvados».

LUCAS 6:35

Si la bondad es lo que conduce al arrepentimiento, entonces primero debemos ser buenas con quienes no se han arrepentido. A lo largo de la Escritura vemos ejemplos de la bondad y la misericordia de Dios hacia quienes no la merecen. En alguna ocasión todas fuimos ingratas y malas, pero Dios siguió buscándonos con su amor excelente a pesar de nuestra posición. Fue su bondad implacable la que nos hizo arrodillarnos.

Quienes hemos recibido un perdón tan grande debemos testificar de la gracia que se nos mostró ofreciéndola libremente a quienes todavía se encuentran en oscuridad.

¿Qué bondades ves que Dios te otorga en esta temporada?

Llenar el vacío

Oh Dios, tú eres mi Dios; yo te busco intensamente.
Mi alma tiene sed de ti; todo mi ser te anhela,
cual tierra seca, sedienta y sin agua.

SALMOS 63:1

Todas experimentamos temporadas en las que nos sentimos vacías: un dolor en lo profundo de nuestro ser que es inexplicable, pero al mismo tiempo está presente. En esas ocasiones, cuando no estamos seguras de qué es lo que deseamos, lo que necesitamos es más de Dios.

En lo profundo del corazón de cada persona hay una necesidad innata de intimidad con nuestro Creador. Sin ella, nuestra alma desfallece por quererlo a Él. Sin embargo, la bella verdad es que Él anhela llenarnos de sí mismo. Solo tenemos que pedírselo con expectativa.

¿Qué es lo que anhelas?

El mismo espíritu

El Espíritu de Dios, quien levantó a Jesús de los muertos, vive en ustedes; y así como Dios levantó a Cristo Jesús de los muertos, él dará vida a sus cuerpos mortales mediante el mismo Espíritu, quien vive en ustedes.

ROMANOS 8:11 NTV

El Espíritu de revelación que revela misterios de la eternidad es el mismo Espíritu que te habla a ti. El Espíritu de poder que hace que los ciegos vean es el mismo Espíritu que te sana a ti. El Espíritu que da vida a los muertos es el mismo Espíritu que te da vida a ti.

Como creyente, el Espíritu Santo de Dios vive en ti y transforma cada faceta de tu vida.

¿Cómo te capacita Dios para vivir una vida digna del llamado que Él ha puesto en ti?

Feliz

El Señor no abandonará a su pueblo, porque eso traería deshonra a su gran nombre. Pues le agradó al Señor hacerlos su pueblo.

1 SAMUEL 12:22 NTV

¿Qué podría ser más satisfactorio que saber que agradas al Señor? Cuando entras en una relación con Dios, Él promete no abandonarte nunca. Está contigo siempre, no solo porque no está en su naturaleza irse, sino también porque, en palabras sencillas, tú le haces feliz.

Con frecuencia, nos convencemos a nosotras mismas de que hemos decepcionado a Dios. Eso se traduce en vergüenza en nuestra relación con Él, pero Dios se agrada de nosotras y desea declarar eso sobre nuestra vida. Pasa tiempo hoy deleitándote en el Señor, y sintiendo su deleite sobre ti a cambio.

¿Cómo crees que haces feliz a Dios?

Noviembre

Cuando te llamé, me respondiste;
me infundiste ánimo y renovaste mis fuerzas.

Salmos 138:3 NVI

Construcción de la casa

«Por tanto, todo el que me oye estas palabras y las pone en práctica es como un hombre prudente que construyó su casa sobre la roca. Cayeron las lluvias, crecieron los ríos, soplaron los vientos y azotaron aquella casa; con todo, la casa no se derrumbó porque estaba cimentada sobre la roca».

MATEO 7:24-25 NVI

Todo constructor sabio, sin considerar de qué región del mundo proviene, sabe que lo más importante en la construcción de una casa es la ubicación de los cimientos. Por eso Jesús nos amonesta a que construyamos sobre la roca y no sobre la arena. Cuando hace buen tiempo, ambas ubicaciones podrían verse firmes y fuertes. Tal vez no veamos la debilidad inherente de la arena dura y reseca.

Sin embargo, la tierra no se mantiene dura y seca. Llegarán lluvias y vientos, y es entonces cuando más importa cuál es la ubicación. Lo que al principio parecía fuerte se derrumba rápidamente cuando el suelo se convierte en arenas movedizas. La casa sobre la roca no es inmune a las dificultades, pero no puede ser destruida, porque estaba cimentada sobre el cimiento adecuado.

¿Cómo puedes construir tu casa sobre el cimiento adecuado?

Paz verdadera

«La paz les dejo; mi paz les doy. Yo no se la doy a ustedes como la da el mundo. No se angustien ni se acobarden».

JUAN 14:27

Para los niños, los regalos tienden a ser lo más destacado de las fiestas. Cuando eres niña te gusta que tus amigos te celebren, y es divertido comer pastel lleno de copiosas cantidades de glaseado, pero el acto de abrir regalos es la verdadera alegría de una fiesta de cumpleaños. Tal vez eso se pierde tristemente en los adultos. Vamos cumpliendo años y no queremos regalos, pensando que ya no somos niños. Sin embargo, vemos en la Escritura que Dios parece ser el padre que espera ansiosamente a que sus hijos se acerquen a Él para poder darles regalos. A Él le encanta dar.

Jesús es el único que puede darnos paz verdadera, y le encanta darnos esa paz. Recibe hoy regalos del Padre que solamente Él puede dar. Puede que no te dé lo que tú crees que quieres, pero te da regalos que sostendrán y satisfarán tu corazón.

¿En qué situación necesitas hoy la paz de Dios?

Más fuerte por esperar

En cambio, los que confían en el Señor
encontrarán nuevas fuerzas.

ISAÍAS 40:31 NTV

¿Has esperado alguna vez a alguien? Cuando esperas, abdicas tu capacidad de determinar cuándo sucederá algo. Dependes de otra persona.

Cuando esperamos en Dios, puede ser increíblemente difícil. Esperar en Él verdaderamente significa que nosotras mismas no resolvemos situaciones. Colocamos por completo nuestra dependencia y confianza en la solución de Dios, sabiendo que será mejor que la nuestra o la de alguna otra persona. Esperar no es natural. Preferiríamos actuar, incluso a riesgo de actuar incorrectamente, en lugar de esperar en Dios. Incluso si hemos esperado por una semana o por veinte años, su promesa para nosotras permanece: si perseveramos en la espera, seremos más fuertes.

¿Qué estás esperando en este momento?

Lágrimas juntadas

Tú llevas la cuenta de todas mis angustias
y has juntado todas mis lágrimas en tu frasco;
has registrado cada una de ellas en tu libro.

SALMOS 56:8 NTV

Nuestra tristeza está cerca del corazón de Dios. Él anhela consolarnos: acariciar nuestro cabello, enjugar nuestras lágrimas, y susurrarnos palabras de consuelo. Él lleva la cuenta de todas nuestras angustias; Él junta nuestras lágrimas. Dios no está ausente en nuestra tristeza, sino más bien lo contrario: está más cerca que nunca.

No tengas miedo a acercarte a Dios con tu tristeza. Comparte con Él los sentimientos más profundos de tu corazón sin retener nada. En su presencia encontrarás consuelo, esperanza, compasión, y más amor del que podrías imaginar.

¿Estás en un periodo de tristeza?
¿Cómo puedes permitir que Dios sea tu consolador en este momento?

Desgaste por fuera

Por tanto, no nos desanimamos.
Al contrario, aunque por fuera nos vamos desgastando,
por dentro nos vamos renovando día tras día.

2 CORINTIOS 4:16

El envejecimiento no es una característica valorada en gran parte del mundo occidental. Industrias enteras ganan millones de dólares cada año para ayudar a disfrazar la edad. Señales que revelan el envejecimiento como el color del cabello y la elasticidad de la piel no se consideran una señal de honra, sino algo que ocultar. Ni siquiera nos gusta reconocer nuestra edad, porque es virtuoso lucir más joven de lo que realmente somos. ¿Es este un concepto bíblico o un concepto del mundo? ¿Has caído en la mentira que te han ofrecido?

Culturas antiguas, como la hebrea, tienen una perspectiva más bíblica sobre la edad. Envejecer recibe honra, porque significa que has soportado y perseverado por más tiempo que otros. Con frecuencia, con la edad llega la sabiduría, y eso es algo que admirar. Algo que no podemos hacer es detener el proceso de envejecer. Sin embargo, con la edad llega una renovación y belleza interior para quienes siguen a Dios.

¿Qué te gusta más de ti misma ahora que cuando eras más joven?

Ligeros y efímeros

Pues los sufrimientos ligeros y efímeros que ahora padecemos producen una gloria eterna que vale muchísimo más que todo sufrimiento.

2 CORINTIOS 4:17

Seamos sinceras: ¿cuántas de nosotras se ofenderían al tener una querida amiga que nos diga que nuestros problemas son ligeros y efímeros? Tal vez algunos problemas son realmente ligeros y efímeros; solamente duran unos momentos, y en la noche apenas si los recordamos. Sin embargo, ¿enterraste a un ser querido? ¿Fuiste abandonada por aquellos en quienes confiabas? ¿Pueden esos problemas seguir siendo considerados ligeros y efímeros?

Hablando bíblicamente, pueden serlo. Eso se debe a que todos los problemas en esta vida se consideran ligeros cuando se comparan con nuestra gloria eterna. Si podemos comprender que esta era es temporal y pasará antes de que nos demos cuenta, entonces seremos más capaces de hacernos camino por los problemas que suceden aquí. Cuando entremos en la era eterna y gloriosa que llegará, diremos con confianza que la gloria que vemos allá vale muchísimo más que los problemas que experimentamos acá.

¿Qué batallas ligeras y efímeras no parecen ser así en absoluto? ¿Te da esperanza verlas a la luz de la eternidad?

Mi don

Dios, de su gran variedad de dones espirituales,
les ha dado un don a cada uno de ustedes.
Úsenlos bien para servirse los unos a los otros.

1 PEDRO 4:10 NTV

En general, pensamos en un don como algo que se nos da para nuestro propio disfrute y beneficio; sin embargo, en el reino de Dios se da un don a una persona para disfrute y beneficio de otros. ¿Qué podría dar más honra a Cristo que usar nuestros dones para que otros puedan ser bendecidos?

Si la iglesia quiere crecer y ser edificada, entonces el egoísmo no puede tener lugar en ella. Cada vez que usamos nuestros propios dones para mejorar a otros, estamos contando de nuevo la historia del evangelio con nuestras vidas.

¿Qué dones puedes usar para avanzar el reino de Dios?

La esperanza de gloria

A estos Dios se propuso dar a conocer cuál es la gloriosa riqueza de este misterio entre las naciones, que es Cristo en ustedes, la esperanza de gloria.

COLOSENSES 1:27

Tomemos un momento para contemplar la verdadera fortaleza. Tu cuerpo puede que parezca débil día a día, pero si eres una hija de Dios, no eres la única que habita en tu cuerpo. Cristo está en ti, y esa es la esperanza de gloria.

Caminar en el conocimiento y la paz de saber que Cristo está en ti, por su Espíritu, es permanecer en un lugar de enorme fortaleza. Sabemos que Jesús es mayor que cualquiera y que todo. Reconoce la poderosa verdad de que, si has nacido de nuevo, Cristo habita en ti. El mismo poder que resucitó a Jesús de la muerte descansa también en ti; y ese será el poder que te resucitará con Él el día en que te llame a tu hogar eterno. Ciertamente, esta es la esperanza de gloria.

¿Qué significa para ti «la esperanza de gloria»?

Recompensas o ira

«Más bien, acumulen para sí tesoros en el cielo, donde ni la polilla ni el óxido carcomen, ni los ladrones se meten a robar».

MATEO 6:20

En esta vida puedes marcar un impacto directo (y lo haces) sobre tu vida en el tiempo venidero. La Biblia enseña mucho sobre el principio de acumular diversas cosas para la era eterna. Cuando las acumulas, no las ves ahora. Las apartas, ya sea de modo consciente o inconsciente, para recibirlas en la eternidad. Es tu paquete de retiro para el tiempo venidero.

Las personas tercas con corazones no arrepentidos en realidad acumulan ira. Esto no debería asustar a los creyentes, porque ellos se han acercado ya a Dios con humildad y arrepentimiento. Para los creyentes hay noticias mucho mejores: están acumulando recompensas. Acumulemos tesoros que no queden carcomidos, para disfrutarlos por toda la eternidad.

¿Qué tesoros estás acumulando para ti en el cielo?

Ya no seamos niñas

Ese proceso continuará hasta que todos alcancemos tal unidad en nuestra fe y conocimiento del Hijo de Dios que seamos maduros en el Señor, es decir, hasta que lleguemos a la plena y completa medida de Cristo.

EFESIOS 4:13 NTV

Cuando acudimos por primera vez a Cristo, somos bebés en la fe sin considerar cuál sea nuestra edad real. A medida que Dios inicia su obra de hacernos semejantes a Él, nos alimenta con comida para bebés. Aunque los niños son adorables, no deben quedarse en esa etapa para siempre. Dios nos hace madurar mediante su Espíritu, y nos da alimentos masticables. Esta comida es satisfactoria, pero hay que procesarla.

El pasaje en Efesios 4 se refiere a nuestra madurez mediante la sólida enseñanza de la Palabra de Dios. Muchas enseñanzas de Jesús son sencillas de oír, pero difíciles de practicar. Una hija de Dios madura puede recibir y hacer lo que Dios pide sin sentirse ofendida. Los niños no son maduros ni están cimentados en la Palabra. Son susceptibles a ser llevados de un lado para otro por la mala enseñanza. ¡Gloria a Dios porque su obra es hacernos madurar!

¿Cómo has madurado espiritualmente durante este año?

Control de la mente

El que se deja controlar por su mentalidad humana tendrá muerte, pero el que deja que el Espíritu controle su mente tendrá vida y paz.

ROMANOS 8:6 PDT

Nuestras mentes son una herramienta poderosa. No se produce ninguna acción, sea buena o mala, sin que primero comience como un pensamiento en la mente. Tu mente dicta a todo tu cuerpo. Aquello en lo que piensas tiene implicaciones directas en las acciones que llevas a cabo. Dios nos llama a ser transformadas renovando primeramente nuestras mentes para así poder discernir correctamente su voluntad.

Con frecuencia, nos sentimos indefensas o sujetas a los pensamientos que llegan a nuestro cerebro, y nos encontramos entreteniéndolos sin ni siquiera ser conscientes de que lo estamos haciendo. Por eso, Dios nos ha dado el don más necesario y precioso: su Espíritu. Apartados de su Espíritu estamos indefensas para gestionar bien nuestros pensamientos. Cuando su Espíritu controla nuestros pensamientos, descubrimos que nuestra mente pasa de la ansiedad, el temor y la muerte a la vida y la paz.

¿Qué lugares en tu mente necesitas entregar a Cristo?

No estamos separadas

«Por tanto, reconoce que el Señor tu Dios es el único Dios, el Dios fiel, que cumple su pacto por mil generaciones y muestra su fiel amor a quienes lo aman y obedecen sus mandamientos».

DEUTERONOMIO 7:9

¿Ha dejado de amarte alguien? ¿Cuál fue la ofensa que puso en tensión su amor? ¿Demasiadas infracciones? ¿Demasiada confianza rota? ¿Tu disculpa no pareció sincera? Tal vez dejaste de amar a alguien. El amor humano es frágil; por eso es fundamental no asignar atributos humanos a Dios. Su amor no es como el nuestro.

Disfruta hoy del amor firme de tu Padre. Su amor es incapaz de fallarte, porque nada tiene el poder de separarte de él. No te reprendas a ti misma por tu amor veleidoso; sé fortalecida en el amor firme de Dios.

¿Cómo te hace sentir el saber que nada puede separarte nunca del amor de Dios?

El regalo de la debilidad

Pero cuando llegó a ser poderoso,
Uzías también se volvió orgulloso,
lo cual resultó en su ruina.
Pecó contra el SEÑOR su Dios.

2 CRÓNICAS 26:16 NTV

El rey Uzías se convirtió en rey de Judá cuando tenía dieciséis años. Segunda de Crónicas 26 habla muy bien de él cuando comenzó su reinado como rey joven. Hizo lo bueno ante los ojos del Señor y, mientras buscó al Señor, Dios le dio éxito. Sin embargo, algo cambió a mitad de su reinado. Su fortaleza realmente se convirtió en su debilidad; condujo al orgullo y a su destrucción final.

¿Has pensado alguna vez que tus debilidades podrían ser regalos de Dios? Podrían ser lo que te fuerza a ser humilde, porque sabes que no eres perfecta y siempre tienes necesidad de un salvador. Dios resiste a los soberbios, pero los humildes de corazón pueden acercarse a Él. ¿Cuál de ellos eres tú?

¿Qué áreas de tu vida necesitan un nuevo nivel de humildad?

Sin pedir cuentas

¿Quién eres tú para pedirle cuentas a Dios? «Acaso le dirá la olla de barro al que la modeló: "¿Por qué me hiciste así?"».

ROMANOS 9:20

¿Alguna vez te encontraste contestando a Dios? Lo hacemos cuando pensamos que somos más inteligentes, o cuando creemos que vemos con mayor claridad. En ocasiones pensamos que nuestra sabiduría terrenal sobrepasa a la de nuestro Creador. Podríamos pedirle cuentas cuando sufrimos sinceramente debido a circunstancias difíciles, y algunas veces trágicas.

No es que a Dios le falte sensibilidad para manejar nuestras preguntas. No le inquietan ni le hacen sentirse inseguro; sin embargo, a menudo no nos ayudan en nada a nosotras. La madurez espiritual se muestra cuando puedes reconocer sinceramente ante Dios que no comprendes lo que sucede, pero sigues confiando en Él. Él es amor, y todo lo que hace es amor. Puedes contar con eso.

¿Piensas algunas veces que eras más inteligente que Dios? ¿Cómo puedes entregarle a Él esos pensamientos?

No estabas allí

«¿Dónde estabas tú cuando puse los cimientos de la tierra? Dímelo, ya que sabes tanto».

JOB 38:4 NTV

¿Has estado en una tormenta espiritual? Las tormentas son dolorosas, porque sacan a la luz nuestra debilidad y nuestras dudas delante de nosotras mismas y de Dios; y algunas veces delante de otros. Con frecuencia, Dios utiliza e incluso crea tormentas para así poder tener toda nuestra atención.

Dios no está siendo cruel con Job en su cuestionamiento. Le está ayudando a ver que Dios es mucho mayor. Si Dios pudo orquestar el complicado diseño de la tierra, entonces sin duda es capaz de guiar la vida de Job con el mismo cuidado y sabiduría. Aunque podría parecer lo contrario, debemos confiar en Dios. Escucha su voz en medio de tu tormenta.

¿Qué te gustaría entender acerca de Dios?

El regalo de la disciplina

Ciertamente, ninguna disciplina, en el momento de recibirla, parece agradable, sino más bien dolorosa; sin embargo, después produce una cosecha de justicia y paz para quienes han sido entrenados por ella.

HEBREOS 12:11

Todas apreciamos a los niños bien disciplinados. Es un deleite estar cerca de niños que en algún momento aprendieron que deben someterse a sus padres. Aunque siguen siendo plenamente niños, muestran una humildad que se somete a normas y a la autoridad, incluso cuando no les gusta hacerlo.

Como hijas de Dios, también podemos obtener consuelo cuando Él nos disciplina. El corazón de Dios al disciplinarnos es que lo hace claramente en amor, para nuestro beneficio. Él es serio al lidiar con el pecado en nuestros corazones, y naturalmente, eso será doloroso. Sin embargo, deberíamos ser alentadas; si nos entregamos a la disciplina de Dios en nuestras vidas, Él nos da un regalo precioso: una cosecha de justicia y paz. ¿Quién no querría un corazón más pacífico?

¿Cómo sientes que estás siendo disciplinada por Dios?

Corre con libertad

Por tanto, también nosotros que estamos rodeados de una nube tan grande de testigos, despojémonos de todo peso y del pecado que nos asedia y corramos con perseverancia la carrera que tenemos por delante.

HEBREOS 12:1

¿Has visto alguna vez a un corredor a quien le obstaculiza el equipaje añadido? En los Juegos Olímpicos, ¿ves a los corredores correr con una mochila a sus espaldas? ¿Los ves con botas de montaña, tejanos, abrigos, o chaquetas? No. Los corredores entrenados corren tan ligeramente como pueden. Llevan calzado aerodinámico, camisetas sin mangas, y pantalones cortos muy ligeros. Su meta es que nada los obstaculice para correr la mejor carrera posible.

El autor de Hebreos relaciona nuestro peregrinaje cristiano con el de un corredor en una carrera. Tenemos el poder para hacer que nuestra carrera sea mucho más fácil. El Espíritu Santo es excelente al mostrarnos específicamente qué nos obstaculiza. Mediante el poder del Espíritu puedes despojarte de cualquier cosa que sea un obstáculo y correr.

¿Qué necesitas soltar para poder correr sin que haya nada que te retenga?

Ama la justicia

Por eso, teman al Señor y tengan cuidado con lo que hacen, porque el Señor nuestro Dios no admite la injusticia ni la parcialidad ni el soborno.

2 CRÓNICAS 19:7

Dios había establecido un sistema para que Israel y Judá se condujeran como nación. Parte de ese sistema incluía establecer jueces que juzgaran rectamente y con sabiduría cuando hubiera una disputa. Su llamado a los jueces nombrados era poderoso. Para una nación que fue creada para representarlo y ser una bendición al mundo, era realmente importante que tuvieran jueces justos, pues representaban a Dios.

Debes saber que tu pasión por la justicia viene del corazón de Dios. No todo parece justo y equitativo en este momento, pero este no es el final. Tu Juez justo juzgará al mundo rectamente cuando llegue el fin. Incluso más asombroso es que Él ya nos juzgó derramando su ira sobre Jesús en la cruz, de modo que nadie tuviera que pagar el precio supremo por nuestro pecado.

¿A qué anhelas que Dios aplique su justicia?

Bondad reservada

¡Cuán grande es tu bondad!
La reservas para los que te temen,
y a la vista de la gente la derramas
sobre los que en ti se refugian.

SALMOS 31:19

David, que disfrutaba de una gran amistad con Dios, hace muchas afirmaciones maravillosamente asombrosas acerca de Dios. Dios está reservando bondad. ¿Qué es exactamente esa bondad? ¿Es seguridad y confianza? ¿Es paz en medio de las pruebas? ¿Es un corazón tranquilo en medio de una tormenta? ¿Es alegría en medio del luto? Sí, parecería que su bondad podría ser todas esas cosas, y muchas más.

Hay tanta bondad, que Dios tiene que reservarla, de modo que no nos empape de ella de una sola vez. Sin embargo, hay una advertencia. La bondad a la que hace referencia este pasaje está reservada para un grupo de personas especial: quienes temen a Dios. Es para quienes acuden a Él con humildad, porque Él es el Rey y ellos no lo son. Ten por seguro que Dios te recompensará mucho más de lo que podrías soñar por amarlo de ese modo.

¿Cómo ves la bondad de Dios en tu vida?

Aprendan de mí

«Vengan a mí todos ustedes que están cansados y agobiados; yo les daré descanso».

MATEO 11:28

Tal vez estás leyendo estas palabras en la mañana. Tu día acaba de comenzar, y sin embargo ya sientes pesadez en tu corazón. O tal vez es el final del día y te sientes debilitada por las cargas que has llevado. Descansa en la persona más buena que ha habido nunca. Deja que sus palabras te tranquilicen y te fortalezcan.

Quizá has cargado con más de lo que Dios te está pidiendo que cargues: físicamente o emocionalmente. Cristo mismo deja claro que su yugo es fácil y su carga es ligera. Si tu yugo pesa demasiado, tal vez no debes cargarlo en un principio. Aprende de Jesús. Rechazar yugos equivocados no necesariamente te parecerá algo natural; sin embargo, pide y aprende. A medida que lo hagas, Él fortalecerá tu capacidad de conocer la diferencia para que así puedas disfrutar del descanso que Él te da.

¿Hay yugos en tu vida que son demasiado pesados para que los cargues?

Una amiga

«Ya no los llamo siervos, porque el siervo no está al tanto de lo que hace su amo; los he llamado amigos, porque todo lo que a mi Padre le oí decir se lo he dado a conocer a ustedes».

JUAN 15:15

Los fariseos conocían la Ley, pero en raras ocasiones conocían el espíritu de la Ley. Hay muchos asuntos en los que ellos eran apasionados por obedecer la Ley, pero sus corazones estaban lejos de Dios. Ese es un lugar peligroso donde estar. Dios está mucho más interesado en un corazón contrito y humilde que en la obediencia fría a su Ley con un espíritu amargado.

¿Te has encontrado alguna vez obedeciendo los mandamientos de Dios, pero con un corazón que estaba lejos del de Él? Cuídate de esta tendencia. A veces podemos ser cumplidoras de normas sin caminar en una amistad profunda con Dios. Dios no busca solamente una sierva; busca una amiga. Los siervos obedecen porque tienen que hacerlo. Los amigos caminan en una relación cercana porque entienden el amor compartido.

¿Qué te gusta sobre la amistad de Dios?

Pidan, busquen, llamen

«Pidan y se les dará; busquen y encontrarán; llamen y se les abrirá. Porque todo el que pide, recibe; el que busca, encuentra y al que llama, se le abre».

MATEO 7:7-8

¿Se ha debilitado tu fe con el paso del tiempo? ¿Te han dejado algunas de tus experiencias más difíciles con menos fe que esperanza? Recuerda que, sin considerar el grado de tus experiencias difíciles, Él promete hacer que todo obre para bien en tu corazón y en tu vida. No permitas que tus decepciones nublen la verdad de la Palabra de Dios. Él promete que todo el que pide en su nombre, recibe.

¿Estás pidiendo? Entonces puedes contar con recibir. ¿Estás buscando? Él promete que encontrarás. ¿Estás llamando? Sí, hija, se te abrirá la puerta.

¿Qué estás pidiendo, buscando y llamando para hoy?

Escoge

Así que, amados hermanos, esfuércense por comprobar si realmente forman parte de los que Dios ha llamado y elegido. Hagan estas cosas y nunca caerán. Entonces Dios les dará un gran recibimiento en el reino eterno de nuestro Señor y Salvador Jesucristo.

2 PEDRO 1:10-11 NTV

Pedro recién había compartido una sabiduría fundamental para los creyentes: cuando tengan fe, sean buenos. Cuando sean buenos, complementen eso con conocimiento. Añadan al conocimiento dominio propio, y al dominio propio perseverancia. Añadan a la perseverancia sumisión a Dios, y después afecto fraternal. Y, al afecto fraternal, amor. ¡Vaya lista!

Requerir un viaje desde la fe hasta el amor es imposible, pero vivir y permanecer en Cristo hace que sea un viaje plenamente satisfactorio y lleno de alegría. Cuando tropiezas, Jesús te ayuda a levantarte. Cuando eres débil, Él es fuerte. Evalúa tu corazón, y entrégaselo a Jesús. Escoge su sangre como tu poder, gracia y misericordia, y su presencia como tu compañera constante.

¿Cómo puedes escoger a Jesús hoy?

Discernimiento

Cuídense de que nadie los cautive con la vana y engañosa filosofía que sigue tradiciones humanas, la que está de acuerdo con los principios de este mundo y no conforme a Cristo.

COLOSENSES 2:8

La simplicidad del evangelio puede ser ofensiva. Eso se debe a que se apoya únicamente en la obra completa de Jesús en la cruz y no en nuestros propios méritos. Somos salvas puramente al recibir el pago de Cristo por nuestros pecados. Él pudo pagarlos por completo, porque proveyó un sacrificio perfecto por los pecados de toda la humanidad.

Hay muchas falsas enseñanzas que intentarán apartarte de la fe sencilla y la confianza en la capacidad de Dios para salvarte. La responsabilidad de discernir y no ser tomadas cautivas por las falsas enseñanzas es nuestra. Hemos sido arraigadas y cimentadas en las enseñanzas de Jesús para así poder discernir la diferencia entre la falsa enseñanza y las enseñanzas de Dios. Edifiquemos nuestra fe únicamente en Cristo.

¿Cómo puedes asegurarte de no ser engañada por las doctrinas y filosofías del mundo?

El proceso

Vístanse con la nueva naturaleza y se renovarán a medida que aprendan a conocer a su Creador y se parezcan más a él.

COLOSENSES 3:10 NTV

Aunque nuestra salvación es una obra completa, hay un ejercicio continuo de nuestra fe, porque Dios nos ha llamado a tener una relación con Él. Las relaciones necesitan ser alimentadas y mantenidas. La palabra que utiliza la Biblia para este concepto es *renovación*.

Incluso después de la salvación, nuestro nuevo yo sigue siendo renovado en conocimiento a imagen de nuestro Creador. Nuestra mente también necesita una renovación continua. No te desalientes si sigues batallando con viejas maneras de pensar o de actuar. La renovación es un proceso. Continúa arrepintiéndote y entregándote a Dios. Él es más apasionado que tú acerca de la renovación. Es un Dios amoroso que está comprometido con el proceso.

¿Cómo puedes renovar tu mente hoy?

En toda situación

No es que haya pasado necesidad alguna vez,
porque he aprendido a estar contento con lo que tengo.

FILIPENSES 4:11 NTV

Pablo caminaba en un don increíble. Sabía estar contento sin considerar lo mucho o lo poco que tuviera. También es interesante que, como creyente, surgieron ambas situaciones en su vida. Hubo ocasiones en las que tenía mucho y también ocasiones en las que no tenía. ¿Significaba eso que Dios no lo estaba bendiciendo cuando tenía necesidad? No, simplemente significaba que esas eran las circunstancias en las que se encontraba. Sin embargo, no captamos ningún tono acusatorio en las palabras de Pablo en este versículo. No está enojado con Dios; simplemente entendía que seguir a Dios significaría, o podría significar, periodos de abundancia y periodos de escasez.

El secreto del contentamiento está en comprender que nuestras circunstancias no determinan nuestra paz. Podríamos estar sufriendo o en la cumbre de la victoria, pero nuestra paz y nuestro caminar firme con Dios permanecen igual en cualquiera de los casos. Nuestra alegría no depende de nuestras circunstancias. En cambio, estamos satisfechas con que Dios nos dará lo que necesitamos cuando lo necesitemos.

¿En qué situación necesitas estar contenta en este momento?

Sin mancha

A aquel que es poderoso para guardarlos sin caída y presentarlos sin mancha delante de su gloria con gran alegría.

JUDAS 1:24

¿Has observado lo que hacían las personas en la Escritura cuando estaban en presencia de un ángel? Con frecuencia se postraban, o eran tan abrumados por la presencia del ángel que tenían que escuchar que no temieran. Si eso es lo que hacen las personas cuando ven ángeles, ¿cómo crees que reaccionaremos al ver a Dios mismo? Dios nos llama a estar firmes delante de Él. ¿Cómo podremos ni siquiera respirar?

Amada, que podamos estar sin mancha con gran alegría es una verdad asombrosa que debería provocar nuestras lágrimas de gratitud. Dios hace esto por nosotras, porque ya no nos echa en cara nuestros pecados. Él ha juzgado a su Hijo en nuestro lugar y nos ha dado la justicia de su Hijo. Estamos sin mancha en su presencia no porque no pequemos, sino porque Jesús ha pagado por nuestros pecados.

¿Cómo es posible estar sin mancha delante de Dios?

Acércate confiadamente

Así que acerquémonos confiadamente al trono de la gracia para recibir la misericordia y encontrar la gracia que nos ayuden oportunamente.

HEBREOS 4:16

A los niños se les dieron padres para que sus necesidades básicas pudieran ser satisfechas. Es la tarea de las mamás y los papás proveer alimentos, un techo y ropa. En un hogar saludable, si los niños necesitan algo más, saben que pueden acudir a sus padres en cualquier momento y pedirles lo que necesiten. Esto es especialmente cierto en las crisis. Si hay una necesidad urgente o una situación difícil, no hay nada que agrade más a los padres que comprobar que su hijo acude a ellos para obtener ayuda y sabiduría.

Eso es una pequeña imagen de lo que Dios quiere que hagamos con Él. ¿Tienes necesidad? Dios te invita a acercarte confiadamente a su trono. No tienes que ser tímida cuando te acercas a Él, pues dice que te dará la misericordia y la gracia que necesitas tan desesperadamente. No tengas temor. Puedes acercarte a Dios confiadamente en tu momento de necesidad.

¿Te acercas a Dios con confianza? ¿Por qué sí o por qué no?

El origen de la fortaleza

«La gente no vive solo de pan, sino de cada palabra que sale de la boca de Dios».

MATEO 4:4 NTV

Cuando Jesús fue tentado por el diablo, había estado en el desierto ayunando por cuarenta días y cuarenta noches. No consumió ninguna caloría durante ese tiempo; en cambio, empleaba toda su energía en comunicarse con el Padre y ser fortalecido por su relación. Al final de ese periodo, llegó Satanás para tentarlo. Jesús soportó la tentación auténtica y nunca cedió.

Es interesante cómo preparó Dios a Jesús para esta prueba. No hizo que asistiera a una conferencia, leyera un libro de autoayuda, o realizara un servicio de sanidad. En cambio, guió a su Hijo a estar físicamente más débil para que así pudiera apoyarse totalmente en el Padre. Jesús había estado en una dieta de cuarenta días de amor, afirmación y aliento. No fue debilitado por su falta de comida; de hecho, dejó claro que solo la comida no era lo que fortalecía al hijo de Dios.

¿Dónde encuentras tu fortaleza?

Nos amó primero

Nosotros amamos porque él nos amó primero.

1 JUAN 4:19

Antes de que Jesús comenzara su ministerio terrenal, fue bautizado por Juan el Bautista. La tarea de Juan había sido preparar el camino. Jesús acudió a Juan para ser bautizado como muchos otros, pero lo hizo antes de hacer ninguna otra cosa que fuera digna de notar. Sí, no se registra ningún milagro, ninguna sanidad, ni ninguna liberación antes de su bautismo.

Inmediatamente después de salir del agua tras su bautismo, Dios habló para que todos lo oyeran: «Este es mi Hijo amado; estoy muy complacido con él» (Mateo 3:17). ¿Qué había hecho Jesús hasta ahora? Nada. Simplemente era el Hijo de Dios; sin embargo, las palabras de Dios para Él fueron de afirmación y amor. Tal vez es así como Dios se relaciona con nosotras: sus otras hijas. Él nos ama porque somos suyas; y nosotras lo amamos porque Él nos amó primero. Es así de sencillo.

¿Cómo te ayuda el amor de Dios a amar a los demás?

Diciembre

Sean fuertes en el Señor
y en su gran poder.

Efesios 6:10 NTV

El regalo eterno

«Gloria a Dios en el cielo más alto
y paz en la tierra para aquellos en quienes
Dios se complace».

LUCAS 2:14 NTV

Puede que los árboles de Navidad sean decoraciones con fines comerciales de la época, pero evocan en los cristianos pensamientos de un madero más precioso: la cruz. Jesús vino a nosotros el día de Navidad con el propósito de traer paz a su pueblo por medio de la cruz del Calvario.

La misión de Cristo era redimirnos de todo pensamiento, palabra, o acción que no estuviera en consonancia con nuestra semejanza a Dios. Él destruyó nuestros pecados y silenció a nuestro enemigo permanentemente en la cruz. Él nos empoderó para la victoria. Cada una de nosotras refleja su gloria como hija del Dios altísimo. Este es un regalo de Navidad para que cada una de nosotras lo abra todos los días.

¿Cómo puedes dar gloria a Dios en este día?

Esperanza ejecutada

«Cuando vean el arca del pacto del Señor su Dios y a los sacerdotes levitas que la llevan, abandonen sus puestos y pónganse en marcha detrás de ella. Así sabrán por dónde ir, pues nunca antes han pasado por ese camino».

JOSUÉ 3:3-4

Josué estaba de pie en el umbral de la Tierra Prometida. El Señor había hablado; los israelitas debían consagrarse y después seguir el arca de la presencia hasta su promesa. Tomarían la nueva ruta de Dios para llegar hasta allá, de modo que el inmenso campamento viajara detrás del arca, permitiendo que cada ciudadano la viera y siguiera fielmente a Dios por sí mismo. De este modo, todos los israelitas ejecutaron exitosamente las acciones de su fe delante de Dios en lugar de delante del hombre. Guiados en la presencia de Dios, todo hombre cruzó el Jordán, derribó Jericó, y disfrutó de la vida de leche y miel prometida.

Jesús nos ha dado nuestra tierra. Entramos en ella corriendo la carrera con Jesús y asegurando nuestra esperanza. Este día es nuestra oportunidad presente.

¿En qué «tierra» te están pidiendo que entres hoy?

Vida de amor y alegría

«Así como el Padre me ha amado a mí, también yo los he amado a ustedes. Permanezcan en mi amor. Si obedecen mis mandamientos, permanecerán en mi amor, así como yo he obedecido los mandamientos de mi Padre y permanezco en su amor. Les he dicho esto para que tengan mi alegría y así su alegría sea completa».

JUAN 15:9-11

La alegría llega a nuestras vidas mediante acciones de obediencia. Además, podemos obedecer a Dios por causa de la justicia, ¡pero Dios nos recompensa por ella bautizándonos en su amor! Cuando permanecemos en su amor, nos convertimos en instrumentos de alegría, derramándola en lugares resecos en el mundo que nos rodea. Esa alegría nos consumirá, convirtiéndose en una marca distintiva de su justicia.

Surgen fortaleza y valentía en el contexto de la alegría de Dios. Perseguimos y escogemos sus caminos, obteniendo fortaleza para vencer, y comenzamos a vivir la vida sobrenatural. Al seguir al Fiel que venció al mundo, nos volvemos como Él, y también nosotras vencemos al mundo.

¿Cómo te sientes cuando caminas en obediencia a Dios?

Agua de vida

«Pero el que beba del agua que yo le daré, no tendrá sed jamás, sino que el agua que yo le daré se convertirá en él en una fuente de agua que brota para vida eterna».

JUAN 4:14 LBLA

Algunas veces necesitamos un extra. Nuestros requisitos espirituales nunca los cumplen nuestras experiencias terrenales. Cuando esas experiencias bloquean nuestras oportunidades espirituales, las dejamos y nos quedamos con sed. La vida como la esperábamos se desbarata, ya sea por fracasos interiores o acontecimientos exteriores, y eso crea una gran lucha interior. La energía en nosotras puede que se reduzca ante retos de tal dificultad. ¿Dónde obtendremos alegría y fortaleza para continuar?

Jesús dice que Él nos da vida abundante siempre que el enemigo ha intentado matar, robar o destruir. Él es así de fiel. Su agua viva es una fuente inagotable. Nos acercamos a Él, confiando en que nos llene con esta vida eterna.

¿Qué «extra» necesitas en este día?

Falsas expectativas

En esto conocemos lo que es el amor: en que Jesucristo entregó su vida por nosotros. Así también nosotros debemos entregar la vida por nuestros hermanos.

1 JUAN 3:16

Parte de entregar la vida descansa en renunciar a expectativas inapropiadas. Cuando los momentos destacables de tu mente no encajen con cómo es tu vida, entrega esos momentos a Jesús. Él te devuelve un sentimiento de pertenencia y de paz. Estas dos bendiciones dependen de tu identidad en Él, y no de tus intentos de lograr cosas.

Dios pone sus deseos en los corazones de sus santos. Cuando son prendidos, esos deseos producen cosas buenas: creatividad, productividad y caridad hacia otros. Tú no eres un fracaso. Eres una posibilidad (la posibilidad de Dios) que se abre a la luz de Jesús como una flor bajo la luz del sol, llegando a florecer plenamente.

¿Cómo sabes que tu vida no es un error, sino una expresión única de la naturaleza de Dios?

Caridad

Si alguien que posee bienes materiales ve que su hermano está pasando necesidad y no tiene compasión de él, ¿cómo se puede decir que el amor de Dios habita en él? Queridos hijos, no amemos de palabra ni de labios para afuera, sino con hechos y de verdad.

1 JUAN 3:17-18

El periodo de la Navidad está lleno de oportunidades para dar. Más que durante cualquier otra época del año, las organizaciones benéficas ofrecen lugares para el servicio comunitario y vehículos para dar a otros. Como respuesta, dejamos dinero en cajas, ponemos regalos bajo árboles, y hacemos oraciones extra por quienes tienen necesidad. Además, podemos encontrarnos regando flores para vecinos que salen de viaje u organizando una cena para quienes no tienen familia. Ser misericordiosas con esas almas heridas que encontramos en nuestro camino es una marca de discipulado.

Nadie quiere estar solo o tener hambre en Navidad. Nadie quiere dar a sus hijos abrazos llenos de lamento en lugar de regalos, un techo, o comida casera. En un periodo de esperanza y alegría, tu amor activo llega más allá de las circunstancias de los afligidos.

¿Qué oportunidades tienes hoy para poder dar?

Libre para toda la vida

«Aquel de ustedes que esté libre de pecado, que tire la primera piedra».

JUAN 8:7

Si sientes que Jesús te está reteniendo su amor y compasión debido a algo que hiciste o no hiciste, ¡piénsalo otra vez! Cuando Jesús murió en la cruz, te perdonó por su misericordia.

El perdón no es apropiado solamente cuando alguien ha hecho algo malo, de modo que Dios no está colgado de tu pecado. En cambio, Dios colgó tu pecado en una cruz, ¡y te hizo inequívocamente libre! Disfruta de la vida.

¿Qué piedras te tiran las personas? ¿Cómo puedes aplicar la compasión de Dios en esas situaciones?

Eres conocida

Ellos preguntaron: —¿Dónde está tu padre?
Jesús respondió: —Ustedes no me conocen a mí ni a mi Padre.
Si me conocieran, también conocerían a mi Padre.

JUAN 8:19

Los fariseos provocaban a Jesús. Ellos sabían que José era su padrastro, y le echaban a la cara su estatus terrenal. ¿Por qué? Porque Él los desarmaba. Los desarmaba con su compasión, su amor, y su disposición a relacionarse con personas que ellos no tocaban. Él no hacía las cosas como ellos querían, y los reprendió por no ser santos. Ellos no lo comprendían, y Él ciertamente no cambió para hacerlos sentir cómodos.

En realidad, tú no eres tan diferente de Jesús. Eres una extranjera en este mundo, y todo el cielo se desata y la tierra se trastorna porque tú habitas en él. Eso molesta a algunas personas tanto como bendice al resto. Sé valiente. Jesús te comprende, te ve, y decide acercarte todavía más a medida que lo buscas.

¿De qué maneras eres alentada a ser más semejante a Jesús?

Resuena con gratitud

¡Aclamen alegres al Señor, habitantes de toda la tierra!
¡Adoren al Señor con regocijo!
Preséntense ante él con cánticos de júbilo.
Reconozcan que el Señor es Dios;
él nos hizo y somos suyos.
Somos su pueblo, ovejas de su prado.

SALMOS 100:1-3

El rey David celebra a Dios. Lo adora con alegría, cantándole cantos a Él. Eso coloca el corazón de David en la perspectiva adecuada. Sabe quién es Dios y lo que Él ha hecho por su pueblo. David conoce su identidad mediante Dios, su Creador. Reconoce el valor de Dios y, así, el suyo propio.

Cuando tenemos un encuentro con la dignidad de Dios deberíamos experimentar gratitud, y resonar con eso mismo ante Dios. Podemos ser llenas de la bondad de Dios, de su amor y su fidelidad eterna.

¿Qué ha hecho Dios últimamente que causa que resuenes con gratitud?

Dios provee

Entonces Dios dijo: «¡Miren! Les he dado todas las plantas con semilla que hay sobre la tierra y todos los árboles frutales para que les sirvan de alimento».

GÉNESIS 1:29 NTV

Dios nos dio el primer regalo repetitivo: plantas con semilla. Entonces nos dijo que las multiplicáramos y cuidáramos la tierra. Al hacer esas dos cosas, Dios proveyó para nuestra necesidad de alimento y se ocupó de la parte más importante de convertir las semillas en alimento. No lo hizo por ninguna otra razón más allá de su amor por cada una de nosotras.

Nosotras plantamos, nosotras regamos y quitamos las malas hierbas; sin embargo, es Dios quien crea el milagro. Nosotras podemos deleitarnos en desempeñar una parte muy pequeña en nuestra providencia. ¿Por qué? Porque Dios ama colaborar con nosotras; y, con frecuencia, lo que Él quiere hacer es mayor de lo que nosotras podemos llegar a imaginar.

¿Qué semillas ha plantado Dios en tu vida últimamente?

Emociones

Hay una temporada para todo, un tiempo para cada
actividad bajo el cielo.
Un tiempo para llorar y un tiempo para reír.
Un tiempo para entristecerse y un tiempo para bailar.
Un tiempo para esparcir piedras y un tiempo
para juntar piedras.
Un tiempo para abrazarse y un tiempo para apartarse.
Un tiempo para callar y un tiempo para hablar.
Un tiempo para amar y un tiempo para odiar.
Un tiempo para la guerra y un tiempo para la paz.

ECLESIASTÉS 3:1, 4-8 NTV

Las emociones de Dios se muestran claramente a lo largo de la Escritura. Él nos ha creado a su imagen y comprende nuestra forma, nuestras emociones y nuestras debilidades.

En su bondad, nos da enseñanza bíblica con respecto a cómo y por qué manejamos apropiadamente las emociones. Él nos enseña a expresarlas u ocultarlas, y a administrar nuestras respuestas en justicia y rectitud. Qué Dios tan amoroso tenemos: Él nos conduce hacia la fortaleza y la libertad emocional.

¿Cómo experimentas fortaleza emocional?

Decisiones

El Señor Dios hizo que crecieran del suelo toda clase de árboles: árboles hermosos y que daban frutos deliciosos. En medio del huerto puso el árbol de la vida y el árbol del conocimiento del bien y del mal.

GÉNESIS 2:9 NTV

Dios creó el árbol de la vida. Él hizo todas las cosas, y todas ellas buenas. Él mismo declaró que eran buenas. Por lo tanto, ¿cómo era el árbol del conocimiento del bien y del mal? Dios nos da capacidad de decidir. Igual que tú no puedes lograr que alguien te ame, Dios no intentará obligarte a que lo ames o lo obedezcas. Esas son decisiones que tú misma tomas, y Él diseñó eso desde el principio.

Jesús quiere que llevemos a Él cada parte de nuestro ser, escogiendo así la vida. Como nuevas criaturas, no nos queda otra cosa sino confiar en Él, juzgar lo que es bueno, y hacerlo.

¿Cómo puedes escoger otra vez a Dios en este día?

Lección de aceptación

«Yo te he glorificado en la tierra y he llevado a cabo la obra que me encomendaste».

JUAN 17:4

Cuando caminamos en amor como hijas fieles, veremos que lo que hacemos desarrollará un fruto. Producimos vida y alegría, verdad y bondad. Producimos nuestros dones y ambiciones. Con frecuencia, todo eso se recibe con deleite y gratitud; en otras ocasiones, las personas no entienden nuestras intenciones. Y hay otras veces en las que sembramos fielmente nuestros dones y nunca vemos que produzcan un bien. Los dones que Dios nos da son una parte de un legado que no puede ser reconocido en una generación.

El punto es el siguiente: estás siendo fiel. Dios está orgulloso de ti. Y, aunque el mundo que te rodea puede que no entienda lo que tú haces, y aunque puede que tú no entiendas al mundo que te rodea, Jesús lo tiene todo en sus manos. Él está haciendo cosas bellas en ti y contigo. Con eso basta. Simplemente camina con Él en fe.

¿Qué buen fruto es evidente en tu vida en este momento?

El Dios trino

En el principio existía el Verbo, y el Verbo estaba con Dios, y el Verbo era Dios. Él estaba en el principio con Dios.

JUAN 1:1-2 LBLA

¿Has abierto alguna vez una tableta de chocolate y rompiste un rectángulo? Ese rectángulo estaba rodeado por otros que eran iguales. Cada uno unido al otro para formar un todo consolidado. De modo separado y colectivo, el chocolate tenía las mismas propiedades esenciales que le daban identidad. Podríamos considerar ese chocolate en términos de múltiples o un todo, pero el hecho seguiría siendo el mismo: todo ello era glorioso chocolate.

Dios se parece un poco a una tableta de chocolate. Ya sea que rompa una parte que viene a la tierra, o habite en la persona que cree, es muy cierto que si lo hemos experimentado a Él de algún modo, hemos experimentado al Padre lleno de gracia que está sentado en el trono del cielo. Cada persona de la Deidad no es en lo más mínimo un cortador de galletas de los demás, sino que estas tres personas están de acuerdo completamente, por separado, y como una sola. ¡Ellas son, Él es, Dios!

¿De qué otro modo puedes explicar que Dios es tres en uno?

Dichosa eternamente

Dichoso el que teme al Señor, el que halla gran deleite en sus mandamientos.

SALMOS 112:1

Las bendiciones de Dios son regalos que se dan como resultado de su gracia hacia nosotras. Podemos crecer en la gracia de Dios igual que crecemos en la gracia de las personas que nos rodean. Cuando lo reverenciamos y permanecemos en su amor, lo obedecemos de modo natural desde el corazón. Cuando nuestros corazones se entrelazan con el de Dios, esta gracia mejora.

El Señor te mantiene firme, segura, y finalmente triunfante cuando lo temes y lo obedeces.

¿Cómo sientes que estás creciendo en la gracia de Dios ahora?

Llena el vacío

«No acumulen para sí tesoros en la tierra, donde la polilla y el óxido destruyen, y donde los ladrones se meten a robar. Más bien, acumulen para sí tesoros en el cielo, donde ni la polilla ni el óxido carcomen, ni los ladrones se meten a robar. Porque donde esté tu tesoro, allí estará también tu corazón».

MATEO 6:19-21

Si te preguntaran, probablemente pensarías en varias causas para la tentación. Tarde o temprano, la mayoría de las personas podrían culpar al diablo, al menos, de algunas de sus aflicciones. Pero ¿y si nos miramos a nosotras mismas? A veces, llenamos el vacío con cualquier cosa que esté a la mano: objetos materiales, prestigio, experiencias o relaciones.

¿Has pensado alguna vez en que ese vacío aumenta de modo más parecido a un abismo cada vez que lanzas a él un nuevo objeto? Es aleccionador. Si no buscamos a Dios en esa oportunidad, intentamos llenar el hueco con distracciones hasta que estamos perdidas en un mar interminable de angustia. A cada creyente se le da Jesús y su Palabra, de modo que podamos regresar al único que verdaderamente llena nuestra alma.

¿Con qué tiendes a llenar tu vacío interior? ¿Cómo puedes dejar que sea Dios quien lo llene?

El momento apropiado

«Mi apreciada Marta, ¡estás preocupada y tan inquieta con todos los detalles! Hay una sola cosa por la que vale la pena preocuparse. María la ha descubierto, y nadie se la quitará».

LUCAS 10:41-42 NTV

El problema de Marta no era que trabajaba con diligencia, sino que abandonó la elección correcta cuando estaba delante de ella. La hospitalidad es un don extraordinario, y será útil para cambiar tu mundo; sin embargo, en este momento, si Dios quiere hablarte personalmente, es el momento de dejarlo todo y escuchar. Siéntate a sus pies, y deja que Él provea para ti lo que necesites.

Moisés tenía un trabajo muy ocupado como pastor de rebaños; sin embargo, un día lo detuvo todo cuando vio una zarza que ardía. Podría haber alabado a Dios al pasar por allí y nada más. En cambio, entró una colaboración fenomenal con Dios que cambió el mundo.

¿Cómo te sientes acerca de esta historia de María y Marta?

El Señor dirige los pasos de los justos;
se deleita en cada detalle de su vida.
Aunque tropiecen, nunca caerán,
porque el Señor los sostiene de la mano.

SALMOS 37:23-24 NTV

Jesús vive en ti por elección. Él te ha salvado con destreza, y le emociona meramente estar contigo. Jesús no necesita que te ganes su alegría. Él promete calmar tus temores en su amor.

Dios está tan feliz porque tú existes, que el mero gozo de eso hace que cante, dance y salte por ti. Estás rodeada y llena del deleite de Dios que no conoce límites… en ti.

¿Por qué crees que Dios se deleita en ti?

Enemigos bendecidos

«Si tus enemigos tienen hambre, dales de comer. Si tienen sed, dales de beber. Al hacer eso, amontonarás carbones encendidos de vergüenza sobre su cabeza».

ROMANOS 12:20 NTV

Entre las poblaciones nómadas y rurales, el fuego sigue siendo esencial para la supervivencia. Si el fuego de alguien se apaga, debe apresurarse a ir a la casa de un vecino. Con una olla en equilibrio sobre su cabeza, esa persona espera el fuego que da vida. Si el vecino la aprecia, amontonará carbones encendidos sobre esa olla, y la casa se salvará.

Dios dice que su bondad lleva a las personas al arrepentimiento. Sienten vergüenza ante la disparidad entre sus motivos y las personas que les muestran misericordia. Por esta razón, por misericordia y reconciliación, amontonamos una bondad improbable sobre las personas que nos hacen daño. Dejamos esa bondad como una joya en las manos de Jesús: un objeto que ablanda corazones donde es necesario. A medida que surgen llamas de misericordia para un corazón frío, le robamos la muerte al enemigo, y creamos oportunidades para la reconciliación y la paz.

¿A quiénes necesitas bendecir hoy?

Motivos iluminados

El propósito humano es como aguas profundas;
el que es inteligente lo descubrirá.

PROVERBIOS 20:5

Algunas veces no entendemos los motivos de las personas. Nos provocan, nos ponen nerviosas, y alteran nuestra paz. De hecho, en ocasiones podemos cuestionar su autenticidad. La Biblia dice que necesitaremos entendimiento para comprender a las personas.

Sabiduría significa saber qué hacer, y *entendimiento* significa saber por qué lo hago. Según la Palabra, preguntamos, leemos la Biblia, y prestamos atención a lo que sucede a nuestro alrededor a fin de hacer progresos. Sé pura de corazón y receptiva a medida que prosigues, y aprenderás mucho. Descubrirás qué preguntas plantearte a ti misma y a otras personas para llegar hasta la raíz de un motivo.

¿Qué ha compartido Dios contigo últimamente?

Sin reservas

El rey David averiguó si había alguien de la familia de Saúl a quien pudiera beneficiar en memoria de Jonatán.

1 SAMUEL 9:1

En la historia de David, conocemos a un nieto enfermo de Saúl llamado Mefiboset. Debido a la crueldad de Saúl con David, Mefiboset habría sido un candidato improbable para recibir el favor de David. Sin embargo, David tenía el corazón de Dios. En memoria de su amigo Jonatán, David otorgó a Mefiboset un asiento regular en su mesa y también todos los bienes raíces de su abuelo y los sirvientes que necesitara. David concedió un abundante favor a alguien que posiblemente no podría beneficiarlo, y que no se consideraba a sí mismo un amigo.

Es verdad: Dios es inquisitivamente bueno y compasivo con todas las personas, sin considerar cómo están sus corazones ante Él. Aunque puede que sientas que decepcionaste a Dios o que tienes poco que ofrecer, Jesús te invita a sentarse a su mesa cada día. Él te recibe para que permanezcas en su presencia y disfrutes del abundante cuidado que te brinda continuamente.

¿Cómo puedes ofrecer la bondad de Dios a otros en este día?

Vestida adecuadamente

[Pónganse] el ropaje de la nueva naturaleza, creada a imagen de Dios, en verdadera justicia y santidad.

EFESIOS 4:24

¡Tienes por delante un futuro bello! Qué bendición es saber que influirás a personas simplemente siendo tú misma: amorosa, santa y amada de Dios. Como eres una hija de Dios, tu hogar no está aquí. Está en el cielo, donde el clima espiritual es siempre bueno. Si atraviesas una tormenta en la tierra, te cambias de ropa interior para enfrentar los desafíos terrenales que tienes delante.

La tierra no es tu hogar; la vida aquí está llena de tormentas. Por fortuna, Cristo te ha dado una amplia cobertura para el clima. Ponte el ropaje de la nueva naturaleza para vencer con Cristo. Él te lo ha ofrecido, y le resulta precioso que te pongas la ropa que Él te provee.

¿Cómo puedes vestirte para el clima de la vida?

Tal como eres

Pero Dios escogió lo tonto del mundo para avergonzar a los sabios, y escogió lo débil del mundo para avergonzar a los poderosos. También escogió Dios lo más bajo y despreciado, y lo que no es nada, para anular lo que es, a fin de que en su presencia nadie pueda jactarse.

1 CORINTIOS 1:27-29

Cuando Cristo juntó a su equipo de ensueño para difundir la Buena Noticia por todo el planeta, eligió en oración a hombres jóvenes e inexpertos que no tenían nada que los recomendara. Dejó a un lado a personas experimentadas para llenar el puesto con alguien que necesitaría confiar en Él y escuchar con atención a fin de tener éxito. En el libro de Hechos, Jesús llamó a Pedro el gentil a convertir a los judíos y servirlos, mientras que Pablo el fariseo fue enviado a los gentiles.

Incluso en la actualidad, Dios tiene este principio: le agrada tanto que tú camines en su confianza, que te utiliza para engrandecer su nombre en lugares inesperados: con frecuencia, lugares donde no puedes ir en tus propias fuerzas. Confía en que Él te dirá dónde ir y te guiará cuando vayas.

¿Por qué te escogió Dios a ti?

Proclama con valentía

Así que fueron de prisa y encontraron a María, a José y al niño que estaba acostado en el pesebre. Cuando vieron al niño, contaron lo que les habían dicho acerca de él y cuantos lo oyeron se asombraron de lo que los pastores decían.

LUCAS 2:16-18 NVI

Cuando hablaron a los pastores sobre Jesús, ellos no lo anotaron en sus calendarios; fueron deprisa. Corrieron tan rápidamente como se lo permitían sus pies. ¿Quién se quedó cuidando de las ovejas? ¿Quién sabe? Sin embargo, en ese momento conocían la importancia de la llegada del Señor y fueron deprisa a Belén y al establo para verlo. Cuando lo vieron, y lo experimentaron, se apresuraron a contar sobre Él. Dios no escogió a líderes terrenales para difundir la noticia. Escogió a mensajeros que llevaron fielmente la Buena Noticia.

¿Quién es este Señor nuestro, que manos de pescadores y de obreros difunden su Buena Noticia? ¡Aleluya! Cristo ha venido. Cuéntalo a todo el que te encuentres. Jesús es el Señor, y ha venido en carne.

¿Qué puedes proclamar hoy con valentía acerca de Dios?

Canto de Navidad

«Brotará la raíz de Isaí, el que se levantará para gobernar a las naciones; en él los pueblos pondrán su esperanza». Que el Dios de la esperanza los llene de toda alegría y paz a ustedes que creen en él, para que rebosen de esperanza por el poder del Espíritu Santo.

ROMANOS 15:12-13 NVI

Jesús, un judío, vino para que todas las personas pudieran calificarse para experimentar su esperanza, gozo y paz indescriptibles al poner su fe en Él. Jesús es el fundamento verdadero para la esperanza y el gozo de todo creyente, en esta temporada y también en todo tiempo.

Puede que hoy estés sola o con muchas personas. Tal vez estás leyendo en este día de Navidad, o puede que te estés poniendo al día tras una ráfaga de actividad. Quizá estás hojeando este libro y te detuviste en este pasaje. Dondequiera que estés, y cualesquiera que sean tus circunstancias, tienes un regalo del Señor para este día. Está bien; ¡un regalo de Navidad de parte de Dios no caduca! El regalo que Dios tiene para ti cada día es éste: Él es tu fortaleza y tu canto. Y siempre lo será.

¿Cuál es tu canto de Navidad?

Sin devoluciones

Pues lo que Dios da, no lo quita,
ni retira tampoco su llamamiento.

ROMANOS 11:29 DHH

Los días y semanas después de la Navidad pueden ser un caos complicado. En una ocasión u otra, descubrimos que hemos dado o nos han dado un regalo que es inadecuado o de la talla equivocada. Puede que hayamos pasado por alto a alguien. El receptor puede estar en la fila en una tienda para hacer una devolución o escribir una nota de agradecimiento por algo que, en el mejor de los casos, causó un momento de humor.

¿No es refrescante saber que Dios, en su gran entendimiento y consideración, hace regalos apropiados para nosotras, regalos que no causan remordimiento? Además, con frecuencia produce regalos que nosotras damos al mundo, y que devolvemos a Dios.

¿Qué te ha confiado Dios que pensaste que era demasiado grande para poder manejarlo?

Libre del enojo

Los que tienen entendimiento no pierden los estribos; los que se enojan fácilmente demuestran gran necedad.

PROVERBIOS 14:29 NTV

Todas hemos gritado y hablado mal; sin embargo, debemos ser sabias en nuestro enojo, porque puede destruir las protecciones que Dios ha incluido en nuestras vidas. El enojo es una respuesta a un temor reprimido, a la humillación, el rechazo o el dolor. Llegar a la raíz de esos eventos nos permite lidiar con el enojo, desarmarlo y avanzar, libres de cargas. Jesús no es cruel; no quiere que seas tratada duramente. Él te recompensará cuando, a su vez, tú te entregas a Él en momentos de paz y también de injusticia.

La ira es enojo vengativo que toma venganza en lugar de reconciliar. Frustramos al diablo cuando expulsamos de nuestro corazón la ira, el enojo, la venganza, la amargura, y en cambio escogemos bondad, compasión y perdón.

¿Dónde has permitido que el enojo te agarre?
¿Puedes dejar que Dios produzca paz en cambio?

Esperanza firme

Ahora bien, sabemos que Dios dispone todas las cosas para el bien de quienes lo aman, los que han sido llamados de acuerdo con su propósito.

ROMANOS 8:28 NVI

No todo comienza siendo la idea de Dios para tu vida, pero Él saca cosas hermosas de ello a pesar de todo. El bien que Dios tiene en mente podría no estar todavía en tu radar, pero si el amor de Dios es apacible y bueno, entonces sin duda sus regalos están en consonancia con eso.

Algunas veces es difícil imaginar que la vida sea buena cuando nuestro mundo se sacude. Como siempre, Dios es fiel en medio de esa situación, y tiene planes que desafían tus expectativas. Recibe consuelo, y escoge la esperanza para el futuro y para tu bien.

¿Cómo sabes que Dios está obrando en ti?

Fuente de belleza

No se interesen tanto por la belleza externa: los peinados extravagantes, las joyas costosas o la ropa elegante. En cambio, vístanse con la belleza interior, la que no se desvanece, la belleza de un espíritu tierno y sereno, que es tan precioso a los ojos de Dios.

1 PEDRO 3:3-4 NTV

«La belleza se demuestra con actos», dicen las mamás a sus hijas muchas veces. ¿Por qué? Porque peinar el cabello, llevar joyas costosas, y mejorar la ropa, la postura y la conversación no es donde se encuentra la belleza. Jesús es nuestro coach de belleza. Otras mujeres y artículos en revistas hablan de nuestro aspecto, distrayéndonos del valor de la persona interior.

La belleza brilla desde el interior. Se viste de humildad y verdadera sabiduría. Crece en un entorno de reverencia, vida recta, y se desarrolla en la adoración y al glorificar a Dios. Está personificada en Cristo y en su corazón hacia la gente. Es bueno lucir bien, y algunas veces nuestros dones o nuestro llamado lo requieren. Sin embargo, necesitamos mantener la santidad como nuestro enfoque central al ofrecer nuestro aspecto a Dios. Debemos adornarnos con la belleza de Él.

¿Qué encuentra Dios verdaderamente bello en ti?

Primeros frutos

«Este es el pacto que haré con ellos
después de aquellos días
—dice el Señor: Pondré mis leyes en su corazón,
y en su mente las escribiré.».

HEBREOS 10:15-16 LBLA

En la Pascua original, el Festival de los Tabernáculos, la nación de Israel celebraba haber recibido la ley. Era el día cincuenta desde que salieron de Egipto, y habían visto cosas poderosas de parte de la mano de Dios. Cuando Dios dio la ley a Moisés, también le dijo que un día estaría escrita en los corazones de las personas. Año tras año, los israelitas celebraban este día presentando los primeros frutos de sus campos: grano.

El año que Cristo fue crucificado en la Pascua, los discípulos y los seguidores de Jesús se reunieron en el aposento alto. Descendió el Espíritu Santo prometido y los llenó, escribiendo así la ley del Espíritu en sus corazones. Como siempre, los primeros frutos de la cosecha se presentaron ese día cuando tres mil almas se convirtieron tras la predicación de Pedro y fueron bautizadas.

¿Qué primeros frutos tienes para entregar a Dios?

Carga de ansiedad

Estén siempre llenos de alegría en el Señor. Lo repito, ¡alégrense! Que todo el mundo vea que son considerados en todo lo que hacen. Recuerden que el Señor vuelve pronto. No se preocupen por nada; en cambio, oren por todo. Díganle a Dios lo que necesitan y denle gracias por todo lo que él ha hecho.

FILIPENSES 4:4-6 NTV

Cargar ansiedad es como llenar excesivamente un auto para un viaje. Sufre el combustible, a otros les resulta difícil acompañarte, y la visión bloqueada pone en peligro tu auto y a otros que circulan por la carretera. Por lo tanto, ¿cuál es la clave para sacudir de tu vida la ansiedad? Alégrate en Dios, y pide su ayuda agradecidamente con tus cargas.

Por fortuna, el gozo en el Señor está disponible en toda circunstancia. Es esa jarra de limonada en tu refrigerador que llena rápidamente tu copa. Alegrarte produce refrigerio. Tus problemas se vuelven manejables, porque Jesús es invitado a todas las áreas de tu vida. Él es quien te acompaña, y la ansiedad ya no puede ocupar ese asiento.

¿Cómo puedes soltar la ansiedad y confiar más en Dios?